泰达汽车论坛集萃

2018 泰达汽车论坛集萃

改革开放四十年　产业开启新征程

中国汽车产业发展（泰达）国际论坛组委会　编

机 械 工 业 出 版 社

本书为素有“汽车产业发展风向标”及“汽车行业达沃斯”美誉的中国汽车产业发展（泰达）国际论坛成果集萃。

2018泰达汽车论坛以“改革开放四十年　产业开启新征程”为主题，回顾了改革开放40年来的累累硕果，展望了新时代汽车产业发展的全新局面。本书翔实记录了2018年泰达汽车论坛主要嘉宾的精彩观点，包括多个政府主管部门相关领导对未来汽车产业相关工作做出的明确部署，20余家国内外主流企业的领导人介绍各自企业的新思路、新规划、新战略，10余家新势力企业领军人畅谈新时代的跨界融合和升级整合，殿堂级的专家和学者分享其所在领域的最新研究成果等。

本书适合汽车及相关行业企事业单位的管理人员、研究人员阅读参考。

图书在版编目（CIP）数据

2018泰达汽车论坛集萃／中国汽车产业发展（泰达）国际论坛组委会编. —2版. —北京：机械工业出版社，2018.12
ISBN 978-7-111-61534-7

Ⅰ.①2…　Ⅱ.①中…　Ⅲ.①汽车工业-文集
Ⅳ.①U46-53

中国版本图书馆CIP数据核字（2018）第275504号

机械工业出版社（北京市百万庄大街22号　邮政编码100037）
策划编辑：赵海青　　责任编辑：赵海青
责任校对：王　欣　　责任印制：李　昂
北京瑞禾彩色印刷有限公司印刷

2019年1月第2版·第1次印刷
180mm×250mm·15.5印张·5插页·215千字
0001～1800册
标准书号：ISBN 978-7-111-61534-7
定价：88.00元

凡购本书，如有缺页、倒页、脱页，由本社发行部调换

电话服务　　网络服务
服务咨询热线：010-88361066　　机工官网：www.cmpbook.com
读者购书热线：010-68326294　　机工官博：weibo.com/cmp1952
010-88379203　　金书网：www.golden-book.com
封面无防伪标均为盗版　　教育服务网：www.cmpedu.com

中国汽车产业发展（泰达）国际论坛组织机构

主办单位

中国汽车技术研究中心有限公司

中国汽车工程学会

中国汽车工业协会

中国汽车报社

天津经济技术开发区管委会

协办单位

中国石化汽车行业技术合作中心

日本汽车工业协会

德国汽车工业协会

承办单位

中国汽车技术研究中心有限公司情报所

天津经济技术开发区贸易促进中心

《2018 泰达汽车论坛集萃》编委会

主　　编： 程魁玉

副 主 编： 傅连学　尤嘉勋

编委会成员： 武守喜　左培文　张　宁　王文斌　孟庆阔　王　静

编　　辑： 王　静　孟庆阔　李新波　李振玲　刘　倩　臧金环

马文双　李春玲　郭丽梅　杨　艳

改革开放再出发　开启产业新征程
奏响新时代的发展乐章

2018 年是改革开放 40 周年，新一轮改革开放大幕已然拉开，我国进入了一个更高质量、更深层次开放发展的新时期。崭新的历史机遇正在中国汽车产业激起澎湃的发展乐章。

与产业发展同频共振，2018 年 8 月 31 日 ~9 月 2 日，以推动产业可持续高质量发展为已任的汽车行业顶级盛会——中国汽车产业发展（泰达）国际论坛（以下简称泰达汽车论坛）在天津隆重召开。

新时代，新征程，本届论坛以“改革开放四十年　产业开启新征程”为年度主题，回顾改革开放 40 年来的累累硕果，展望新时代产业发展全新局面，推动中国汽车产业提质增效，激发促进产业高质量发展的新动能。

泰达汽车论坛牢牢把握高质量发展的根本要求，打造汽车行业的世界级智库，其传递出的权威之声，全面赢得行业盛赞。

履迹不息，求索不止，泰达汽车论坛 14 年来不断创新，竭尽全力推动中国汽车产业可持续高质量发展。2018 年，泰达汽车论坛更是围绕“改革开放这一决定当代中国命运的重大举措”，集全行业之力量，共同为汽车产业深化改革和扩大开放出谋划策，激发新动力，在新起点上实现了新突破。

一、政策大年，多个政府部门传递政策动向

把握前沿发展方向，突出政策引领驱动，历经十四载积淀，泰达汽车论坛已经成为汽车行业发展的风向标，本届论坛所传递的政策方向获得了各方面的高度关注。

在本届泰达汽车论坛上，国家六部委对于未来汽车产业的相关工作做出了明确的部署：国家发展和改革委员会（简称国家发改委）下一步将尽快出台实施智能汽车创新发展战略，尽快落实汽车产业投资管理规定的落地与实施；财政部将优化汽车关税调控，做到有升有降，此外在新能源汽车补贴的整体思路上，将依然秉承扶优扶强的核心思路，并将建立动态调整机制，继续提高技术门槛；科学技术部（简称科技部）在“十三五”末期及“十四五”期间将聚焦两大领域，一是车载氢燃料技术的研发，强化动力电池技术的提升，二是自动驾驶、智能交通等领域的体系能力建设；工业和信息化部（简称工信部）重点聚焦业内最关心的新能源汽车、智能网联汽车和准入管理三大话题，提出13个方面的具体管理思路，如新能源方面计划开展燃料电池汽车示范运行，智能汽车方面要加快推进道路测试，道路机动车辆生产企业及产品准入许可管理办法预计年内发布；商务部将在四个方面推进汽车流通体制改革；生态环境部将深化全面的信息公开，并将在2018年年底之前出台汽车环保召回制度，同时将出台新的柴油货车污染治理的行动计划。

以上六部委所传递的政策动向引发了社会各界的广泛关注。中央电视台、新华社等150余家国内外权威媒体对这些政策动向给予了全面报道，引爆舆论焦点，再次唱响泰达汽车论坛行业风向标的最强音。

二、嘉宾阵容再创新高，释放行业发展最强音

强大的嘉宾阵容一直都是泰达汽车论坛的精彩之处。本届泰达汽车论坛除邀请到了多个政府部门的相关领导以外，还汇聚了200余位国内外主流汽车企业集团及零部件企业高层、50余位国内外权威智库专家，以及150余位国内外权威媒体记者，嘉宾阵容空前强大。

1. 20余家国内外主流企业集团共策未来发展

本届论坛，国内各大车企领导悉数到场。其中，东风汽车集团有限公司、北京汽车集团有限公司、长安汽车、广州汽车集团股份有限公司、中国石化等相关企业领导共同探讨了新时代下中国汽车及零部件企业深化改革，实现可持续高质量发展的相关问题，并分别介绍了各自企业在高质量发展的关键时刻制定的新思路、新规划、新战略。

此外，本届论坛上，日产、本田、宝马、保时捷等一流跨国车企的领导分享了他们在中国进行的跨国资源整合和优化，产品、技术投放的调整和布局，新业务拓展及模式的创新等发展成果与规划。

2. 10余家新势力企业携手论道新业态

新能源汽车、智能网联汽车、共享汽车等新业态发展深受行业关注，本届论坛特别扩大新兴造车企业及互联网企业邀约范围，蔚来汽车、小鹏汽车、博郡汽车等10余家企业领导携手亮相，畅谈新时代的合资与合作，为汽车产业内外和纵横双向的跨界融合与产业链升级整合，提供了各家不同的思路，共同探讨在新能源汽车、智能汽车领域合资合作的新机遇、新动向，共话新业态的未来。

3. 殿堂级专家学者、两院院士贡献高质量思想碰撞

泰达汽车论坛还吸引了诸多国内外权威专家和学者的积极参与，其中不乏殿堂级专家和学者、两院院士，中国科学院院士欧阳明高、中国工程院院士孙逢春就目前热门的新能源汽车等话题分享了所在领域的最新研究成果，为汽车产业的发展贡献了一场高质量思想碰撞。

此外，中国工程院院士郭孔辉、中国工程院院士苏万华、中国工程院院士李骏等来自内燃机、新能源、智能网联等领域的院士也为本届论坛提供了强有力的智力支持。

三、对改革开放40年来的汽车产业杰出人物进行表彰

改革开放40年的汽车产业发展史，身处其中的汽车人用心血铸造了一段辉煌的创业史，谱写了一曲时代的赞歌。由中国汽车技术研究中心有限公司、中国汽车工程学会、中国国际贸易促进委员会汽车行业分会、《中国汽车报》社有限公司联合相关行业机构共同开展的“中国汽车产业纪念改革开放40周年杰出人物表彰大会”在泰达汽车论坛期间举办，161名杰出汽车人获得了表彰，弘扬了汽车人艰苦奋斗、勇于奉献的崇高精神，全行业备受鼓舞与感动。

承载着产业繁荣的梦想，泰达汽车论坛连续成功举办了14届，已经发展

成为中国汽车行业规格最高、规模最大、影响力最广泛的高端品牌盛会，传递出的政策动向、管理思想、实践真知，不断汇聚成推动中国汽车产业高质量发展的先锋力量。

扬帆再起航，在新时代的春风里，中国汽车产业正面临空前广阔的发展舞台。在我国由汽车大国迈向汽车强国的重要战略机遇期，泰达汽车论坛仍将继续发挥凝聚社会各界精英共商汽车产业发展大计、促进汽车产业发展的核心作用，共同探索汽车产业的健康、高质量发展之路。

为更好地传递泰达汽车论坛的声音，泰达汽车论坛组委会继续将研讨成果集结成册，编辑出版。本书详细记录了2018年泰达汽车论坛主要嘉宾的精彩观点，希望汽车行业同仁能从中汲取更多有益的营养，给行业发展以更好的借鉴。

本书在编撰过程中得到了汽车行业专家学者以及相关汽车和零部件企业的大力支持，在此表示感谢。机械工业出版社也对本书的出版给予了大力支持，做了大量的工作，在此一并表示感谢。

中国汽车产业发展（泰达）国际论坛组委会

2018年9月

INTERNATIONAL FORUM (TEDA)
ON CHINESE AUTOMOTIVE
INDUSTRY DEVELOPMENT
2018 泰达汽车论坛集萃

目　录

Contents

Contents

Contents

Contents

Contents

电动汽车的未来

INTERNATIONAL FORUM (TEDA)
ON CHINESE AUTOMOTIVE INDUSTRY DEVELOPMENT
2018泰达汽车论坛集萃

电动汽车作为汽车产业主要发展趋势之一，已经成为全行业的共识。各国政府、行业组织、整车企业、零部件企业等均加大了对电动汽车的投入。同时，随着电池、电控技术的不断进步，电动汽车的推广和应用也取得显著成果，消费者接受程度不断提高。

中国是汽车大国，也是全球最大的电动汽车生产国和消费国，在纯电动和插电式混合动力汽车方面取得一定的进展；日本是汽车强国，拥有雄厚的技术积累，在普通混合动力、纯电动和燃料电池汽车方面技术优势明显。通过搭建中国—日本汽车产业对话会，邀请中国、日本双方政府、行业组织、整车企业、零部件企业等单位的嘉宾参会，围绕电动汽车的未来发展战略、政策管理、标准制订、企业战略布局等热点话题展开深度研讨，充分分享取得的经验，交流下一步发展措施，将有力促进中国、日本电动汽车的健康、可持续发展。

电动汽车产业发展趋势的思考

于凯

中国汽车技术研究中心有限公司董事长、党委书记、总经理

今天，中日两国有关政府、行业机构和重点企业就电动汽车未来的热点话题在这里进行讨论，也会为明天的主题论坛垫场预热，我来谈一谈中日汽车发展趋势和今后合作的建议。

大家都知道，电动化已经成为全球汽车产业的共同战略选择。虽然受产业基础、起步时间和发展战略等因素影响，全球电动汽车发展很不平衡，但主要的汽车工业国家和主流企业已将发展电动汽车作为重要的战略支撑，部分国家和企业甚至已将禁售燃油汽车列上日程。据统计，2018 年 1 ~ 7 月，全球电动汽车销量超过 200 万辆（含普通混合动力汽车）。中日两国电动汽车销量处于领先地位，两国总销量超过 120 万辆，占全球市场 60% 以上份额。因此，中日两国应进一步加强沟通与合作，通过有效的沟通，推动两国行业、企业达成更广泛的合作，这也是我们举办本次中日对话会的初衷。

就技术路线来看，中国以推广纯电驱动汽车为主，2018 年 1 ~ 7 月，纯电动汽车和插电式混合动力汽车的市场份额达到了 82%；日本则以推广普通混合动力汽车为主，2018 年 1 ~ 7 月，普通混合动力汽车的市场份额达到了 96%。从全球范围来看，虽然各个国家、各个企业的技术路线不同，但每一种路线都得到了不同程度的发展。

近年来，中国已经在电动汽车的顶层设计、财税扶持、技术创新、规范管理等方面建立了较为完善的政策支持体系，尤其是财税补贴政策对中国电动汽车产业的发展起到了至关重要的推动作用。未来，虽然补贴政策会不断收紧甚至逐步退出，但是以双积分政策为代表的约束性政策将发挥重要作用。同时，非补贴的功能性政策将进一步拉动电动汽车消费，提升电动汽车市场竞争力。

中国电动汽车关键零部件技术持续加快发展，尤其是“三电”的核心技术不断突破，成本不断降低。中汽中心㊀重点参与制定的《节能与新能源汽车技术路线图》提出，到2030年，动力电池系统的比能量将达到350kW·h/kg；系统成本将达到0.8元/kW·h；电机20s有效比功率将达到5kW/kg；电机控制器功率密度将达到50kW/L。预计未来十年，电动汽车的性能指标及产品性价比将进一步提升，全生命周期内的经济性有望接近传统燃油汽车。

在电动化大背景下，汽车产业链和价值链将得到重塑。资本和新企业的不断涌入，为电动汽车行业带来了新思维和新模式。在制造环节，可以根据用户喜好进行定制化生产；在销售环节，以4S店为主的传统销售模式将受到以新零售和直营体验店为代表的新型销售模式的冲击。供给侧结构性改革的要求推动传统汽车企业的服务方式在发生显著变化。汽车企业不能仅仅是提供单一的汽车产品，而是要为消费者提供基于移动出行的全方位的服务解决方案。

“电动+智能网联”将成为出行生态圈重要组成部分。随着移动互联、人工智能、大数据、云计算等新一代技术在汽车及交通领域的应用，现有交通出行方式正在发生变革，以共享、电动、智能等为特点的新型出行生态圈正在构建。在这个新型出行生态圈中，电动汽车将成为智能网联技术的最佳载体，尤其是电动汽车+无人驾驶技术将成为未来解决人们出行需求的重要方式。电动汽车产业链与智能网联产业链的深度融合将成为必然趋势，且融合

㊀ 中国汽车技术研究中心有限公司简称中汽中心。

的深度和广度会不断加深。

第二部分，给大家报告一下中汽中心在电动汽车领域的主要工作及成果。中汽中心在政策研究、标准制定、投资项目咨询评估等领域长期向有关部门提供技术支撑和智力保障，协助国家发改委、工信部、科技部、财政部等主管部门开展新能源汽车行业政策研究，参与制定了《2016—2020 年新能源汽车推广应用财政支持政策》《乘用车企业平均燃料消耗量与新能源汽车积分并行管理办法》等对电动汽车发展至关重要的政策。中汽中心是全国汽车标准化技术委员会电动车辆分技术委员会秘书处单位，负责组织行业开展国内电动汽车整车、电池、电机、接口等相关标准研究和年度制修订工作。同时，中汽中心是 WP29[㊀]中国工作委员会秘书处单位，是电动汽车国际标准的国内归口单位，全面负责参与标准及技术法规的国际交流与合作。中汽中心还协助国家主管部门承担电动汽车企业、产品准入许可等重大投资项目咨询评估工作。

中汽中心在电动汽车检测试验、认证、工程开发等方面已形成全面的技术服务能力。国家轿车质量监督检验中心承担了电动汽车产品质量监督检查、产品定型试验、型式认证试验等工作，试验能力涵盖整车安全性能、经济性能、动力性能、制动性能、充电性能、电磁兼容性能、关键部件性能等领域。中汽中心是中国唯一一家获得国际汽车特别工作组（IATF）授权的 ISO/TS16949 认证机构，具有电动汽车的管理体系认证、强制性产品认证、自愿性产品认证、服务认证等服务能力。此外，中汽中心还具有电动汽车整车及关键零部件的技术工程开发能力。

中汽中心坚持以科技为先导，以行业服务为主体，基于行业共性需求，打造了多个行业共性研发与交流平台，旨在推动全产业链资源的整合和协同发展。EVTEST 聚焦电动汽车用户在使用过程中关注的各项性能，对电动汽车整车性能进行综合评价，为消费者提供更接近实际运行状况、更全面的电动

㊀ WP29 全称为联合国世界车辆法规协调论坛。

汽车性能数据和星级评级。中汽中心牵头负责的“中国新能源汽车产品检测工况研究与开发”项目制定了更符合中国实际道路情况的“中国工况”。

中汽中心积极进行电动汽车的产业化探索，分别在电动汽车整车、车用动力电池、车用驱动电机等领域引入战略投资者成立合资公司，从事电动汽车整车及关键零部件的研究、开发、生产与经营。

各位嘉宾，今年恰逢中国改革开放40周年，站在新的起点上，中国将继续扩大开放，坚持走开放融通、互利共赢之路。中日两国是一衣带水的邻邦，在电动汽车产业发展方面具有较高的互补性，合作空间巨大。建议中日两国以“技术、标准为牵引，项目合作为抓手”，充分发挥双方各自技术优势和先进经验，推动双方在技术创新、标准制定、检测认证等多方面的合作。中汽中心愿意发挥“行业智库”和“桥梁纽带”的作用，与日方有关机构、行业企业共同打造政策与标准法规、测试评价、核心技术、软课题咨询、国际论坛等交流合作平台，推进中日电动汽车产业快速发展。

嘉宾简介

于凯

现任中国汽车技术研究中心有限公司董事长、党委书记、总经理，中国汽车工业协会副会长，机械工业联合会理事，研究员级高级工程师，国务院特殊津贴专家。

广汽关于新能源汽车发展的思考与实践

王秋景
广州汽车集团股份有限公司汽车工程研究院院长

我代表广汽集团谈谈关于新能源汽车发展的一点思考。当前，我们所处的时代，应该说是一个伟大的时代，一个转型的时代。第四次工业革命横跨新能源、互联网、大数据、智能化等领域的变革和技术进步，给中国汽车行业带来了重大发展机遇，但同时我们也面临不少新的挑战。一方面我们推进各种各样的新能源汽车上市，但同时又担心出现这样那样的问题，比如电池安全性、电池质量等。

其实，传统汽车在发展初期也曾出现过这样那样的问题，我们相信在新能源汽车发展中也会经历同样的过程，包括关键零部件的技术突破难、充电基础设施薄弱等对新能源汽车发展的影响。今年 3 月，我到美国调研时发现，做充电行业也不是件很容易的事情，有土地、电价等一系列问题亟待破解。

如何将新能源汽车从限牌城市推向更广阔的市场，提升销量，从而把成本降下来，对于解决上述难题、推动整个新能源产业继续向前发展，其实非常重要。下面我简单谈一下广汽集团的应对方法，我们主要通过围绕产品、技术、场景、用户体验和商业模式五个维度去布局，努力探索一条有广汽自身特色的新能源汽车发展道路。

第一，坚持场景拉动、体验至上，全面提升新能源产品的竞争力。我们以满足用户需求为出发点，梳理各领域用户不同的使用场景和特点，分析相应的性能需求来拉动车型开发。同时，我们把产品体验放在更加重要的位置上，我们认为新能源汽车只有在传统性能、体验水平这些方面都能达到与燃油车同等水平才是合格的新能源汽车。为提供更加舒适、安全的驾驶性体验，我们的研发团队努力推动智能网联和新能源的结合，提供语音交互和网联生态的情感化体验。这也是发挥我们的长处，在网联结合上，我们做了很多工作。同时，依托硅谷研发中心的研发优势，我们在车网安全领域走在了前列，在新能源汽车碰撞安全技术、电池开发体系等方面也有深厚积累，加之其他主被动安全配置，可充分确保新能源汽车的安全性能；此外，我们已全面建立新能源汽车的验证体系，通过合资合作积累起来的制造能力，充分保证新能源汽车的质量、性能。在以产品为本、场景拉动的理念指引下，我们广汽传祺在今年打造并推出两款车：一款是纯电动 SUV GE3，一款是 GS4 PHEV。目前，GS4 PHEV 在同级别的 SUV 市场中的销量能够排到前三，GE3 也多次获得同级别纯电动 SUV 的销量冠军；我们也与合资合作伙伴包括丰田、三菱等合作，为其开发新能源汽车，未来还将进一步加大合作。

第二，高度重视新能源技术研发和储备。为破解新能源的技术难题，我们坚持平台开发先行和技术开发先行，努力打造两大平台，一个是 EV 平台，另一个是 HEV 平台。同时，广汽研究院在新能源汽车和智能网联方面分别设立了 500～600 人的团队，这两方面的技术创新投入占到广汽整个技术创新投入的 70%，也就是广汽把技术创新的大部分资源都集中在新能源、智能网联方面。我们还制订了“2510 技术创新路线图”，紧跟技术发展趋势。在“2510 技术创新路线图”的指引下，新能源领域前瞻课题立项和关键系统部件研发都在有序推进，为未来新能源汽车开发搭建丰富的“技术货架”。

目前，广汽研究院自主研发的高集成 GMC 机电耦合系统能够完全兼容插电和非插电式混动车型，整机效率能够达到 92% 以上，还有新能源汽车专用发动机也已量产；同时，我们也在推进电芯研发，既有合资生产模式，内部也有专门团队进行研发，电池能量密度处于行业先进水平，未来还有望实现进一步突破。

第三，坚持新能源产品技术研发和商业模式创新相结合。在产品和技术研发基础上，商业模式创新通过改变价值创造逻辑和有机整合相关要素，能创造出指数级的价值增长，广汽发展新能源汽车，充分重视商业模式的创新。为加强新能源汽车板块发展的自主性和创新性，我们单独成立了广汽新能源汽车有限公司，独立于广汽乘用车有限公司之外，但研发还是在广汽研究院。在商业模式上，我们也开展了一系列创新，比如改变传统的4S店模式，创新渠道与生态思维，在全国开设“25hours 体验中心”，为车主提供超越传统4S店的智享汽车休闲生活体验，并且发布了新的品牌口号与IP形象。将网联、AI与新能源紧密结合在一起，我们坚信未来新能源、共享模式、智能网联、自动驾驶的深度融合必将改变汽车产业发展的进程，这是汽车诞生130多年来的最大变革，在这方面我们关注得比较多，下的功夫也比较多。

广汽集团也专门成立了项目组，将共享汽车作为新能源汽车发展的一个重要方向，目前已与国内相关的共享出行企业开展合作。共享专用车型正按计划开发中，在用户体验方面将会有很多不同之处。

在这五大要素中，我们认为用户体验是价值观，场景是工具，产品、技术是目标，商业模式是创造价值的机制。面对新能源发展的难点、痛点，只有有机整合五大要素，才能有效破解，使新能源汽车得到更大范围、更深层次的认可。

为进一步提升产品竞争力和产业整合能力，广汽集团去年开始投资450亿元建设占地7500亩的智联新能源产业园，目标是要打造国内超大型综合汽车生产基地，布局创新工业和科技孵化、新能源整车和关键零部件的智能制造，形成全产业链的生态，助力广汽集团在未来智能新能源汽车竞争中抢占先机。首期产能10万辆/年的新能源汽车工厂今年年底将建成，届时将成为让用户深入参与其中、具备个性化定制能力的数字化智慧工厂。

另外，我们也认为，EV、燃料电池汽车将是新能源发展的大方向，但在未来一段时间内，HEV、PHEV 还会有很大发展，这个过渡将会持续。在行业趋势和“2510 技术创新路线图”的指引下，我们将进一步打造 EV 专用、PHEV/HEV 两大平台，努力实现电动系统集成、混合动力机电耦合、高效功率电子控制、电池安全管理、燃料电池集成五大关键技术引领。在产品方面，明后两年广汽集团每年将推出两款续驶里程达 500km 以上的纯电动汽车，到 2025 年实现自主品牌全系电动化。

未来我们将继续坚持“产品、技术、场景、体验、商业模式”的五位一体发展思想，统筹布局，推进新能源汽车的正向开发。对于正向开发，我们认为其根本起点是满足客户的潜在需求，因此广汽集团将努力打造与传统燃油汽车同等水平的用户体验，使新能源汽车能够真正得到消费者发自内心的认可，持续为用户创造更加美好的移动生活。

嘉宾简介

王秋景

男，汉族，1964 年 9 月出生。1988 年 7 参加工作。博士，高级工程师。他现任广州汽车集团股份有限公司执行委员会成员，广州汽车集团股份有限公司汽车工程研究院院长。

他拥有近 30 年汽车行业经验，积累了从产品开发体系建设、技术管理、生产制造、产品销售到人才培养等多个领域的丰富经验。他致力于技术哲学的探索与实践，力求打造国内领先、国际先进的汽车研发机构，2008 年当选中国汽车工业杰出人物。

1983 年 9 月—1988 年 7 月　清华大学汽车工程系汽车专业学习，获本科学历、工学学士学位。

1988 年 7 月—1991 年 9 月　南京汽车研究所技术员、助理工程师。

1991 年 9 月—1992 年 7 月　清华大学汽车工程系汽车专业学习，攻读硕士学位。

1992 年 7 月—1996 年 10 月　清华大学汽车工程系汽车设计制造专业学习，获研究生学历、工学硕士学位、工学博士学位。

1996 年 10 月—1997 年 7 月　任南京汽车研究所科长。

1997 年 7 月—1998 年 3 月　任南京汽车研究所副所长。

1998 年 3 月—2000 年 2 月　任南京菲亚特汽车有限公司总装厂厂长。

2000 年 2 月—2000 年 5 月　任南京汽车集团有限公司综合技术一处处长。

2000 年 5 月—2002 年 3 月　任跃进汽车股份有限公司产品工程部经理。

2002 年 3 月—2002 年 10 月　任跃进汽车股份有限公司副总经理。

2002 年 11 月—2008 年 5 月　任跃进汽车集团公司、南京汽车集团有限公司党委委员、董事、副总经理。

2008 年 10 月—2013 年 6 月　任广州汽车集团股份有限公司总经理助理，兼任广汽研究院党委书记、常务副院长。

2013 年 6 月—2016 年 5 月　任广州汽车集团股份有限公司执行委员会成员，广汽菲亚特克莱斯勒汽车有限公司执行副总经理。

2016 年 5 月至今　任广州汽车集团股份有限公司执行委员会成员，广州汽车集团股份有限公司汽车工程研究院院长。

日产智能动力

小林 健树
日产（中国）投资有限公司副总经理

中国汽车产业课题之一就是电动汽车，在此我想讲一下日产在这方面的战略——日产的智能动力，我会跟大家分享一下我们的研发思路和想法。我今天主要讲一下智能动力的概念，也就是日产发展的 e-POWER 技术。日产重视的核心技术就是电动汽车技术，但是由于电池成本居高不下，充电设施难以完成，而影响了电动汽车的发展，所以我们根据不同国家的情况选择不同的技术来推广我们的电动汽车。下面我想与大家分享我们的新理念，推出电动汽车新的模式，给大家进行简单的介绍。

e-POWER 是百分之百电机驱动，在基本沿用了纯电动汽车基本组成的同时搭建了专门发电的动力源。我们积极推广 e-POWER 汽车，因为随着产量的增加，一方面可以降低电池的成本，另一方面也为进一步电动化奠定很好的基础。

我先介绍一下 e-POWER 性能方面的指标。先从燃油经济性上讲，虽然它与燃油车具有相同的性能，但是因为发动机可以在高性能的区间运行，所以有很好的燃油性，同时由于可在需要的时候才给电池提供燃料，因此可以实现高效率的、有针对性的能源提供。

我们现在使用的动力源作为发电的单元，通过它的发电能够进一步提高电能效率。因为是完全电机驱动，所以与普通的电动汽车拥有相同的驾驶感。通过 e-POWER 满足客户对电动汽车的需求以及个性化的想法的同时可以为下一步打造多元化的电动汽车时代提供各种各样的解决方案。其实，在日本有很多客户在价格可以接受的条件下，可能会在下一次换车时把现在的车换成电动汽车，因为它的静谧性是非常好的。

e-POWER 一方面可以通过单踏板完成 70% ~90% 的减速操作，从而减少驾驶人员的疲劳程度；另一方面单踏板的控制能够减少能源的使用，制动能力也是传统燃油车的四倍左右。

e-POWER 的优势到底在哪？下面简单罗列一下，百分之百电机驱动，发动机只是用来发电，不用担心纯电动汽车续驶里程，可以提升用户对纯电动汽车的接受程度；不仅拥有了与混合动力汽车相同的环保性能，在其他方面也有更高效能的潜力可以挖掘。

由于专注于内燃机发电性能，开发难度低于混合动力汽车，所以这个技术是相对比较容易普及的。一些关键的零部件可以和普通的纯电动汽车共用，所以从产业角度有利于推动纯电动汽车的普及。我们认为这样的特点，与中国为改善环境而实施的汽车电动化的国家战略是完全契合的。这一技术路线能够成为进入纯电动汽车社会的重要桥梁。

日产以后也会为中国汽车产业发展把所积累的技术全部使用和利用起来，为中国汽车产业发展做出我们的贡献。

嘉宾简介

小林 健树

从 2016 年起至今，小林 健树担任日产（中国）投资有限公司副总经理，主管研发和涉外事务。

小林 健树于 1987 年进入日产汽车公司，一直从事研究开发工作。2006 年他担任日产汽车欧洲技术中心车辆实验部部长。2009 年他担任日产汽车北美技术中心副总经理，负责开发质量和车辆实验。2011 年至 2015 年，他先后历任产品设计部部长、客户工程部部长、车辆实验部部长和内外饰技术开发部部长。2016 年起他开始担任日产（中国）投资有限公司副总经理。

INTERNATIONAL FORUM (TEDA)
ON CHINESE AUTOMOTIVE
INDUSTRY DEVELOPMENT
2018 泰达汽车论坛集萃

▶ 2 ◀

智能网联汽车发展路径

以互联网、大数据、云计算、3D打印和人工智能等技术为代表的新一轮科技革命方兴未艾，制造业向“智能制造”全面转型升级的趋势日益明显。在此背景下，发展智能汽车，其意义不仅在于汽车产品与技术的升级，更将成为汽车及相关产业重塑价值链体系和格局的重要驱动力，因此受到政产学研用等各界的广泛关注。世界主要国家和企业均高度重视智能汽车的发展，将之视为解决未来智慧出行问题以及构建智能社会的重要支撑。因此，中国汽车产业应该以推动汽车与先进制造、信息通信、互联网、大数据、人工智能深度融合为主要途径，以发展中国标准智能汽车为主攻方向，以建设智能汽车强国为主要目标，开创智能汽车创新发展新路径，培育产业新业态，构筑竞争新优势，占领战略制高点，率先建成智能汽车强国。

智能网联汽车发展路径之泰达聚焦成果发布

“泰达聚焦”作为中国汽车产业发展（泰达）国际论坛的重要环节，秉承会议精神，汇集领悟行业重量级嘉宾、企业家的观点看法，解读分析新环境政策下汽车产业的发展态势和前景蓝图，得到了行业内各领域的广泛关注。其对外发布的核心成果更被业界人士推崇热议，成为汽车行业锐意创新的独到声音。

本届论坛“泰达聚焦”以“智能网联汽车发展路径”为主题，旨在对智能网联汽车的发展优劣势、发展趋势、政策走向等多方面进行研讨。会议邀请了来自中国汽车工业协会、中国汽车工程学会、重庆长安汽车股份有限公司、广州汽车集团股份有限公司、华晨汽车集团控股有限公司、日产（中国）投资有限公司、宝马（中国）服务有限公司、捷豹路虎（中国）投资有限公司、小鹏汽车、蔚来汽车、中国汽车工程研究院股份有限公司等单位的多位高层领导进行深度研讨。

本届论坛“泰达聚焦”在三方面形成多项共识，即智能网联汽车产业的发展优势、面临的挑战和行业应一起努力推进的工作。

“泰达聚焦”认为，智能网联汽车产业的发展有三项优势。第一，中国汽车市场驱动力强劲。中国消费者接受新事物能力强，喜欢尝试，对推广使用智能网联汽车非常有利。第二，中国有基础设施优势。中国有完善的道路和通信基础设施，中国政府还积极推动智慧城市建设，在基础设施方面的投资力度远高于发达国家。第三，中国有制度优势。在中央及各地方政府的推动下，已逐步形成市场驱动、企业主导、政府支持的良好态势。

“泰达聚焦”认为，中国智能网联汽车产业同时也面临着五项挑战。第一，顶层设计不够清晰，必须要完善。没有好的顶层设计，很难形成一个良好的生态构成。第二，从企业这个层面来说，企业野心都比较大，会影响到实质性的合作和行业进步。汽车企业、互联网企业、科技公司都在做智能网联，控制与反控制相互争锋，削弱相互信任和合作的基础。第三，基础标准跟不上。例如，高速公路引导标志不够规范统一，不利于车辆识别。第四，国内基础技术积累不够，基本功薄弱。补齐基础、共性技术短板，才能顺利创新。第五，法律法规方面的创新制度不够完善。我国法律规定严格，但不利于营造智能网联汽车产业创新氛围。美国、欧洲有创新豁免制度，值得学习。

最后，“泰达聚焦”总结出七条大家应合力做的事。第一条是智能网联汽车产业要坚定走自主研发道路。不必求快，但一定要掌握芯片等核心技术，既不必受制于人，也应实现中国汽车产业对世界汽车产业的贡献。第二条是行业缺乏方向研究，应合力研究产业发展方向，并加强法规预研。第三，行业内应协同发展，联合起来做基础技术研究。第四，应加强跨行业间合作，包括共同投资新技术，加强新能源汽车和智能网联汽车的产业协同。第五，应统一操作系统、共享数据。目前各企业专注于研发自己的操作系统，数据也不共享，造成资源浪费，不利于构建全行业生态系统。第六，测试道路应该更加开放。智能网联汽车现阶段大多停留在封闭道路测试，应创造环境，实现全道路开放。自动驾驶测试车辆比有人开的车安全，既有保险，又有安全员，完全有条件放开。第七，希望政府和学会、协会等行业机构搭建好平台，推动跨界合作。

3

资本运作推动汽车产业技术升级和模式创新

近年来，汽车产业受到资本市场的青睐和追捧。据有关统计显示，全球仅在新能源汽车领域，整车企业的投资规模已接近千亿美元级别，而且还在继续增长。资本运作对汽车产业的助推作用愈发凸显，在整个产业转型升级过程中都将发挥重要的作用。一方面，企业成立专门的产业资本平台，其运作更加灵活和市场化，同时具备对产业精准判断以及协同调动资源的优势，可以很好地助力企业从内生式发展向外延式发展拓展。另一方面，外部资本的引入将为汽车产业注入新的活力，实现资源的快速整合，促进新技术的开发、新模式的培育。因此，从促进汽车产业健康可持续发展的角度来看，资本的有效运作至关重要。

对当前宏观经济形势的几点看法

杜飞轮
国家发展和改革委员会经济研究所主任

我跟大家分享一下对当前宏观经济形势的一些基本看法。

最近半年，关于宏观经济形势的看法有多种论调，大家分歧也很大。比如，一些乐观的看法有稳中向好、稳中有进、稳中提质，中央政治局对二季度经济形势的分析中用了“稳中有变”一词。市场对经济形势的变化也有一些悲观的论调，如经济滞胀论、消费降级论、投资刺激论、金融危机论、政策超调论等。那么到底如何来判断和看待当前宏观经济形势的变化呢?

如何看待当前经济形势? 应先看形、再看势，即先看经济运行发展中存在什么问题，再看政策是如何因势利导的。目前，市场上有一种很形象的比喻，说中国当前的经济形势呈现三部曲：一是增长在彷徨，国内生产总值(GDP) 增速连续 12 个季度保持在 6.5% ~7% 的区间；二是企业在呐喊，企业面临的生产经营困难问题、成本上升问题、融资难融资贵问题越来越突出，呼唤和期待政策来解决这些问题；三是市场在祝福，股市、债市、汇市等金融市场都在调整，期待走出困境。政府在不断调整政策，政策的变化带来了一些利好，也使市场有些担忧。把中国经济放在全球经济的大视野中去看，放在建设现代化经济体系的历史进程中去看，我们会发现，影响短期经济运行和中长期经济发展无外乎以下四个因素：一是周期性因素，二是外部性因素，三是结构性因素，四是制度性因素（包括体制机制和政策）等。综合四个方面因素来看，可以得出一个基本结论，就是当前经济呈现“短调长稳”之形，“短忧长好”之势。

经济呈现短期调整和长期相对稳定的状态。2016 年我国的经济增速是 6.7%，2017 年是 6.9%，季度性改善特别明显。2018 年上半年 6.8%，尽管相较于 2017 年，经济增速已经出现了小的回落，但这个回落也没有跌出合理区间。与十年前的经济增速相比较，目前我国的经济增长还是相对较好的，十年前，我国的经济总量和现在相比大约只有三分之一。这是从短期来看，放在一个周期区间来里面看，2018 年第二季度经济增速是 6.7%，基本上还是维持在合理区间，属于一种长期的比较稳定的状态，波动幅度非常小。大家要问我为什么短期还有调整的压力呢？短期的调整压力主要来自于需求。我们说看宏观经济形势，要看需求、看供给、看市场。需求现在出现了明显的变化，这种变化在部分领域甚至是超出我们预期的。比如，2018 年上半年“三驾马车”的增速跟 2017 年相比有一定的回落。从消费看，大家可以看到社会消费品零售增速回落到个位数，投资类消费、房地产类的消费，甚至是和大家密切相关的衣食住行类消费增长都在减速。从投资看，我国近几年的基础设施增速是非常快的，但在 2018 年上半年，出现了断崖式的下行。基础设施投资占我国总投资的比例大约为五分之一，大约占总投资三分之一的制造业投资的小幅回升没能把总投资拉回到 2017 年同期的水平。需求下行引发了对供给面能否持续走稳，供给面是不是会被需求面产生的变化拉下去的担心。

价格基本稳定可为经济增长创造一个很好的环境。当前的消费价格和生产价格，都保持在与经济增长相适应的一个均衡水平。经济高速增长（8% ~ 10%）的时候，通胀水平维持在 3% 左右。而当前的经济增长水平在中高速区间，通胀水平相应下调到 2% 左右。市场近期对通胀比较担心，比如说，有人认为，由于受洪灾影响，菜价上来了，由于投机因素，房租上涨得很快等。其实，这都是短期性因素的干扰，它对中期的供需平衡不会影响太大。也有人担心 PPI（生产者物价指数）上升对 CPI（消费者物价指数）的传导，如国际大宗商品。近期，钢材的价格上涨引发了大家对输入性通胀的担心，其实也不要过度担心。因为短期来看，这种因素是不可持续的，大宗商品终端需求比较稳定，从中期来看，价格还是会回落下去的，且从 PPI 到 CPI 的传导，力量是非常弱的，所以说价格水平的温和控制，为经济增长创造了良好的环境。

说完当前经济的表现之后，下一步做一个什么样的趋势判断呢？短期的忧虑主要是经济下行的压力还是在增加的，但中长期向好的趋势是不会在短期内发生逆转和改变的。短期的忧虑表现在以下几个方面：

一是外部环境。2017 年人们普遍认为全球经济的共同复苏会为中国经济的增长添油助力，今年以来，全球经济也发生了一些变化，主要经济体之间的增长分化更加明显。此外，像土耳其等一些新兴市场经济体的债务危机引发了预期变化，使市场变得更为不乐观。总体来看，全球经济整体复苏的态势可能有所恶化。它对中国的传导作用体现在两点上，一个是从国际金融市场传导到中国金融市场，另一个是从油价传导到实体经济。

二是中美贸易摩擦。最近，大家非常担心的中美贸易摩擦对中国的影响不单单是直接影响，可能更多的是影响经济运行的秩序，影响经济发展的预期。国内的经济目前也出现了比较严重的分化。从区域层面看，既有保持高速增长省份，也有跌落到低增长、微增长状态的省份。从企业的层面看，如上游的原材料行业和中下游的制造业行业，利润增长发生很大的变化，去年还同时保持 10% 以上的高增长，今年特别是下游企业的效益下滑比较明显。同时，我们看到在这些影响之下，预期指数也在发生一些变化，如制造业采购经理指数也出现了一定程度的月度波动和回落。

中美贸易摩擦，或者称为中美贸易战，其实它的直接影响是非常有限的，我们用模型测算出其对 GDP 的增长负面直接影响不到 0.3 个百分点，但其严重扰乱了中国经济运行发展的秩序，间接影响比较大。从市场来看，债市的违约风险在增多，汇率贬值的压力在增加。近期曝出一系列刚性兑付打破，产生了一系列个案，引发了一系列担忧。楼市在去库存化进展到这个阶段以后，出现了一些新的现象，一、二线城市应对价格上涨压力依然很大。整体来看，大家今年会怎么样？这些亮点在哪里？都好像感觉不是很明显。

前期出台一些政策，比如降成本，补短板。降成本过程中间出现了企业成本上升现象，在补短板过程中，一些短板投资出现明显回落。全面深化改革启动以后，现在改革的红利从各个层面的体现来看，好像感受不深。此外，投资的效率仍然不高且仍处在下行通道。

市场和企业的种种担忧，不是空穴来风，表现了对发展信心的短期忧虑。但是也不需要过度悲观，因为从我国经济中长期的趋势来看，受市场的因素、周期因素、结构性矛盾的影响，经济出现短期小幅的波动也是正常的。

从长期发展趋势来看，经济的基本面是好的，特别是经济结构优化正在向三个黄金分割点迈进。一是从需求看，可以看到最终消费占 GDP 的比重越来越高；二是从供给看，服务业的比重也在不断提高；三是从城镇化看，也在向着 0.618 这个黄金分割点迈进。这三个黄金分割点为什么要在这里凸显出来，因为我国的经济可能与西方一些发达经济体不完全一样，它们的消费、服务业和城镇化比重都高达 70%。我国的经济发展有其自身运行的规律，上述这三个比例到 60% 以上已经算是比较好的水平。举个例子，我国户籍城镇化率目前只有 42%，距 60% 还有 20% 的空间，即约有 3 亿人要从农村居民转化为城市市民。简单推算，3 亿人进城，所需要的基础设施投资和公共服务方面的支出，每人约要 10 万元，也就是说投资还有很大的空间。那么消费呢？一个城市的居民消费约是一个农村居民消费的三倍，如果还有将近三亿人进入城市，那消费空间还有多大？从供求角度来看，这种引领产业和需求升级的大势依然向好，消费如此，投资也是如此，生产空间、生产关系、生产方式都是如此。中长期和短期的发展有分歧时，政策就会围绕分歧做调整，使短期和中长期结合起来达到稳定向上的状态。

我们的政策是如何做的？我们的政策近期有一定微调。从中长期的目标任务来看中央经济工作会议的中期的三年左右的目标，到年度及季度目标，政策的连续性并没有发生改变。它的基调也是稳中求进的总基调，也是一脉相承的。可以看到在这个总基调下，政策是没有做方向性的调整，但是有微调和预调，这是根据形势的变化和对市场的引导在防风险和稳增长中取得一个平衡。即既要中长期的高质量发展，也给予市场主体的调试时间，防止经济大幅波动，促进平稳。

从这个角度来讲，实际上稳增长里面多数政策是没有变化的。稳增长主要是为了堵住风险和使经济不至于快速下行发生失速的风险，面对最大的投资风险、外部风险的这种挑战，要做好一系列的准备。因此大家看到了一些变化，如对外政策的变化、贸易战政策的变化，同时也看到国内政策的一些变化，包括积极的财政政策更加积极了，一些在上半年没有推动落地的政策下，一些存量加速落地。之前我们的货币政策松紧适度，现在方向更加明确，即在这个时候，需要适度放松一些货币，给市场注入流动性。

同时也通过投资、消费方面一系列鼓励性政策，补短板，扩内需，加快结构调整，这里就不细讲了。从中长期的一些政策看，推动政策变化的工作也在做。比如说系列的改革措施，在加快完善市场经济制度方面、在货物贸易方式方面，在一带一路方面都在做政策调整，推进改革。

从宏观经济理论中，我们可以得出一个基本结论：创新和风险保持一种平衡的状态，经济在稳态还将保持一段时间。宏观经济学里面讲两个问题，第一个问题讲的是增长，第二个问题讲的是波动。增长的主要推动因素是创新，包括制度的创新、技术的创新、管理的创新、模式的创新等。那么波动是由谁带来的呢？主要是金融（比如说房地产、资本市场等）带来的。综合来看，一方面，与增长密切相关的创新都处于一些零零星星的状态，没有集中式的、大的创新，所以在上一轮国际金融危机之后，全球的增长率都保持在相对较低的水平；另一方面，各种波动都是分散化、结构化，没有系统性的波动，且波动是可控的。因此，我认为经济下行的压力是有的，但也不要过度悲观，我国的经济仍按照动态平衡的趋势在走，顺着砥砺前行的逻辑，经济平稳运行应该仍是主基调。我就和大家分享这么多。谢谢！

嘉宾简介

杜飞轮

经济学博士，毕业于中国社会科学院研究生院。现任国家发改委经济研究所经济形势与预测研究室主任，主要研究领域为宏观经济形势与政策。

他主持和参与国家发改委及宏观经济研究院多项课题研究，参与国家“十二五”“十三五”规划前期研究和多项地方“十二五”“十三五”规划的编写。他在《宏观经济研究》《宏观经济管理》《改革内参》等国内期刊发表学术论文100多篇，在《人民日报》理论版、《经济日报》理论版等报刊发表文章20多篇，多项研究成果得到了国务院主要领导的批示，多次获得国家发改委及宏观经济研究院优秀成果奖。

4

优化政策体系
开创汽车产业新格局

改革开放四十年 产业开启新征程

2018泰达汽车论坛集萃

INTERNATIONAL FORUM (TEDA) ON CHINESE AUTOMOTIVE INDUSTRY DEVELOPMENT

中国汽车产业经过高速发展的黄金期后取得了举世瞩目的成就。汽车产业作为国家支柱产业之一，被列为国家重大发展方向，其良性发展离不开国家政策的调节和引导。改革开放四十年来，国家相继出台和实施了一系列政策法规，对规范汽车行业秩序，优化汽车产业结构，化解汽车产业纠纷，促进其持续、健康的发展起到了举足轻重的作用。

近年来，汽车产业发展进入新常态，市场由高速增长转为中低速增长，行业竞争进一步加剧，盈利能力受到严重影响。与汽车产业发达国家相比，中国汽车产业发展大而不强的问题也较为突出。但是，新一轮科技革命和产业变革的发展为汽车产业的发展孕育了产业结构调整优化和发展环境改善的重要机遇。

因此，应该继续发挥政府的宏观调控引导作用，优化政策体系，完善产业创新制度，建立法治化管理体系，培育做强中国品牌，加强技术、管理、生产方式及商业模式创新，营造统一开放、有序竞争的良好市场环境，提升中国汽车产业的国际竞争力和影响力。

2018 泰达汽车论坛开幕大会致辞

于凯
中国汽车技术研究中心有限公司董事长、党委书记、总经理

伴随着改革开放40周年的春风，我们怀着激动与喜悦的心情迎来了汽车行业一年一度的思想盛会。来自国内外政界、企业界、科技界、媒体界等社会各界的尊贵领导与嘉宾在这里欢聚一堂，共同出席“2018 中国汽车产业发展（泰达）国际论坛”。

作为以推动中国汽车行业发展为己任的产业论坛，中国汽车产业发展（泰达）国际论坛以“中国汽车产业可持续高质量发展”为永久主题，自2005 年起已经连续举办 13 届，在搭建汽车行业与政府沟通的平台、促进跨界交流等方面，发挥了重要的作用，已经成为中国乃至全球汽车领域具有广泛影响力的行业盛会。

今年是全面贯彻落实党的十九大精神的开局之年，也是改革开放 40 周年。经过 40 年的艰苦努力，中国汽车产业快速发展，取得了举世瞩目的成就。为庆祝改革开放 40 周年，总结过去，开创未来，本届论坛紧扣行业趋势，围绕“改革开放四十年，产业开启新征程”的年度主题，通过中国—日本汽车产业对话、泰达聚焦、泰达视点、开幕大会、高峰研讨、专题峰会、热点解析、焦点透视、专题对话、主题研讨、思想交锋、头脑风暴、微课堂等 15 场专题会议，围绕产业政策开创汽车产业新格局、深化改革与加深合作推动产业高质量发展、新能源产业链整体创新能力提升、智能汽车发展路径及其对产业变革的引领、多变的商业模式和资本运作方式推动汽车产业转型升级等中外企业共同关注的改革与发展话题，汇聚了重量级演讲嘉宾展开深度研讨，必将对汽车行业发展产生深远影响。

乘着改革开放的东风，中汽中心成立33年来，也经历了从无到有、从小到大的发展历程，紧随汽车产业共同发展，共同进步。站在新的历史征程上，为更好地服务行业，中汽中心将重点拓展行业智库服务、认证检测服务、共性及前瞻性技术研究三大领域。

中汽中心致力于建设成为汽车行业第一智库。中汽中心成立以来，协助国家和地方政府主管部门出台了诸多政策或管理措施，包括产业政策和规划、投资和准入、财税政策及标准体系等；同时，中汽中心坚持能力建设与制度创新，加强内部资源与外部智力相结合，扎实开展研究，以行业、企业决策需求为导向，不断提升战略性、系统性、前瞻性和指导性的决策支撑能力。

在深入分析当前汽车产业新形势的基础上，中汽中心作为行业智库，建议重点关注以下几方面问题：

第一，汽车合资股比的放开，可以加速行业分化，促使资源流向效率最高、管理最优的企业，对于中国汽车产业的结构优化和高质量发展具有重要意义。对于中国品牌而言，必须通过投入与产出、研发与市场的良性循环，通过积极调整、大胆创新才能赢得竞争力，成为未来市场格局重塑的受益者。

第二，我国面临着日益严峻的交通问题、环境问题和能源问题，共享汽车这一新型的绿色出行方式应运而生并得以蓬勃发展。目前，市场上形成了月租、日租、分时租赁及网约车平台等多种模式并存、百舸争流的态势，在很大程度上改变着人们的出行习惯和生活方式，进一步变革着人们对汽车“所有权”的观念，未来新能源汽车共享生态将更加繁荣。

第三，在宏观政策的引导和潜在的市场需求驱动下，国内各大汽车企业与零部件供应商正在加速开发智能网联技术，而物联网、云计算、大数据、移动互联等新技术的发展，将推动汽车产业进入全方位、深度融合的历史新阶段。中国汽车产业应该勇于打破行业分割，消除市场壁垒，创新产业体系、生产方式和应用模式，推动汽车与互联网等其他产业的合作，提升整个产业的创新链和价值链。

在建设行业智库的基础上，中汽中心响应国家“一带一路”倡议号召，将在认证认可、检测试验等优势领域主动作为，推动与欧洲、北美、日本、俄罗斯、东南亚、海湾地区等国家和地区的行业机构进行战略合作和互认，为中国企业开展海外业务提供全面的支持与保障。中汽中心还致力于建设具有国际水准的汽车共性及前瞻性技术研发平台，如“中国新能源汽车产品检测工况研究和开发”项目，解决了长期以来困扰中国汽车产业技术研发和应用的自主工况缺失问题，有利于推动符合我国交通实际的节能环保技术应用和提高自主车辆的开发水平。

放眼未来，在党的十九大报告中明确提出培育具有全球竞争力的世界一流企业的目标引领下，中汽中心将继续肩负推动中国汽车产业健康持续发展的使命，深耕三大领域，不断提升国际竞争力。

一年一度秋风劲，不似春光胜似春光。在这金桂飘香的美丽时节，我们再次相聚天津，相聚滨海新区，在新的会址不忘初心谋发展，砥砺奋进谱新篇。

希望出席论坛的各位代表畅所欲言，为汽车产业的创新发展建言献策。同时，希望大家携起手来共同推动中国汽车产业的高质量发展，为早日建成汽车强国贡献力量。

嘉宾简介

于凯

现任中国汽车技术研究中心有限公司董事长、党委书记、总经理，中国汽车工业协会副会长，机械工业联合会理事，研究员级高级工程师，国务院特殊津贴专家。

INTERNATIONAL FORUM (TEDA)
ON CHINESE AUTOMOTIVE
INDUSTRY DEVELOPMENT
2018 泰达汽车论坛集萃

5

中国品牌深化改革创新
实现高质量发展

改革开放四十年 产业开启新征程

2018 泰达汽车论坛集萃

2018 年是改革开放 40 周年，也是实施“十三五”规划承上启下的关键一年，中国经济发展已迈入由高速增长转向高质量发展的阶段。汽车产业是推动新一轮科技革命和产业变革的重要力量，是建设制造强国的重要支撑，是国民经济的重要支柱。因此，汽车产业必须深入贯彻党的十九大精神，牢固树立和贯彻落实创新、协调、绿色、开放、共享的发展理念，推动大众创业、万众创新，推进汽车产业供给侧结构性改革，调控总量、优化结构、协同创新、转型升级，推动汽车产业发展由规模速度型向质量效益型转变，由汽车大国向汽车强国转变。

把握行业新特征 迈入高质量发展的新征程

安铁成

东风汽车集团有限公司党委常委、副总经理

我代表东风公司就汽车行业高质量发展谈一些认识和体会。我汇报的题目是“把握行业新特征，迈入高质量发展的新征程”。

改革开放40年来，我国汽车行业不断实现跨越发展，传统汽车连续九年、新能源汽车连续三年产销居全球第一，2017年在全球产销量占比中达到了31%，对国民经济的综合贡献度接近5%，对就业、税收、社会商品零售总额的贡献度都超过了10%。改革开放40年，我国汽车工业主要解决了“有没有”的问题，当前和今后主要解决的是“好不好”和“强不强”的问题：“好不好”主要聚焦于经营质量和发展效益；“强不强”主要聚焦于核心竞争力和综合实力。

目前，中国经济从中高速增长进入了高质量发展的阶段，我们所处的汽车行业也呈现了四个阶段性的特征。第一个特征是市场从高速增长转向了微增长，我国已逐步进入了成熟的汽车社会，行业微增长、零增长甚至负增长成了常态，不确定性在增加，市场从增量增长转向存量增长，更新、换购的汽车销量已经占到了汽车总销量的一半。随着市场进入微增长，企业的战略规划、经营模式、资源保障、产销存安排等都进行了相应的调整，这就要求我们要更加重视质量效益，加快转型升级，实现有质量、有内涵、可持续的增长。第二个特征是分化淘汰，不断加快优胜劣汰是市场竞争不变的法则。从全球看，汽车工业大浪淘沙，部分知名汽车品牌退出了历史舞台。从国内情况看，行业淘汰赛已经开始，特别是自主品牌车企走势分化非常明显，部分企业处于负债分化的底层和淘汰的边缘，面临巨大的生存和发展的压力，这就要求我们坚持打造核心的竞争力，重视成本和效率，实现持续的营利性增长，做市场竞争的强者。第三个特征就是消费升级，倒逼企业加快转型升级。随着中等收入群体的持续增加，消费升级步伐加快，豪华车实现了较快增长，中国已经成为奔驰、宝马、奥迪等多个豪华汽车品牌最大的单一市场，自主品牌汽车逐步迈向高端化，进行产品升级和品牌升级，得到市场和客户的认可！这就要求我们以市场和客户为导向，提高供给侧的质量，提品质，上档次，增效益，满足客户个性化、定制化、小众化、智能化的需求。行业发展的第四个特征叫作科技革命赋能汽车产业加速变革。汽车是科技创新的高地，大数据、云计算、人工智能、移动互联网等与汽车产业深度融合，新材料、新工艺、新技术、新模式不断涌现，轻量化、电动化、智能化、网联化、共享化蓬勃发展，汽车产业已成了高科技产业，汽车产品已成为智能移动的终端，这就要求我们强化创新是第一动力，努力掌握关键技术，增强核心能力，创新商业模式，加速产业的变革。

总的来说，汽车产业开启了高质量发展的新征程。面对新征程，我们应该如何做？我们东风公司认为应该因势而谋，顺势而为，在下面六个方面加以关注：一是更加注重质量；二是更加注重市场化的导向，以客户为本，持续为用户创造价值；三是更加注重创新驱动融合发展，突破关键技术瓶颈；四是更加注重深化改革，增强活力，建立灵活高效的市场化、现代化的运行体制和机制；五是更加注重锤炼品牌，强化品质，提升中国品牌的竞争力和影响力；六是更加注重转型升级，结构调整，实现从制造向创造的转变，从速度向质量的转变，从产品向品牌的转变，满足客户对美好生活的向往，实现更高质量、更有效率、更可持续的发展。

东风公司成立于1969年，明年我们将迎来创建50周年。回望历史，东风公司紧跟时代步伐，紧抓改革开放的重大机遇，近年来，东风公司坚持开放合作，自主发展，把提升质量和效益摆在优先位置，把保持高质量和增速跑赢大市作为首要的经营目标，整体保持了较高质量的发展。面对新时代新征程，东风公司贯彻新的发展理念，以提升质量效益和竞争力为核心，按照党中央要求，结合汽车行业的特点，提出了今后五年“三个领先一个率先”的高质量发展目标（经营质量、自主事业、新兴业务行业领先；员工高质量跨越小康，率先享有新时代美好生活），努力建设卓越东风，开启世界一流汽车企业发展新征程。

东风汽车品牌承载着东风汽车的历史，积淀了东风汽车的文化，凝聚了东风人的情怀，我们制订和发布了以“品质、智慧、和悦”为核心价值的品牌战略，实施品质东风、智慧东风、和悦东风的三大工程，明确高质量发展的战略行动，着力打造世界一流品牌，建设品牌强企，提升发展质量。

具体来讲，在打造品质东风方面，始终如一追求产品品质、企业品质和人的品质的有机统一。

一是创造高品质的产品和服务，精准把握用户的需求，以工匠之心打造高品质、高魅力、高价值的金融性产品，以领先的标准体系流程提供零等待、零缺陷、无缝连接的服务，赢得客户的信赖和尊重。2018 年 9 月，我们进行品质技术升级的新一代东风风神 AX7 将上市，为客户提供全新的体验。

二是建设高品质的企业，坚持合规诚信经营，进一步提质增效，强身健体，创造行业领先的绩效。

三是建设高品质的员工队伍，增强员工职业化、专业化的本领，提升员工队伍的凝聚力、战斗力和创造力。

第二个工程，就是在打造智慧东风上面，着力把汽车打造成智慧安全和舒适的移动空间，让客户出行拥有愉悦的体验，让物流更加安全高效，强化新材料、新技术、新工艺的研究和应用，节能降耗。在电动化上，“电动、混动、氢动”并举发展，高水准建设的“三电”工业园投产使用，轮毂电机、e-POWER 等前沿技术逐步应用，现在已经投产使用。在自动化上，东风无人驾驶乘用车和商用车分别达到了 L3 和 L4 的水平，推出东风风神 AX7 的自动驾驶2.0版和东风5G的自动驾驶样车。在网联化上，推出具有自主学习等六大功能的智能车机交互系统，实现了整车的批量生产。在共享化上，在“十三五”的下半程，主要战略聚焦点一是做好出行服务和提供物流的解决方案，加快战略转型；二是推进智能制造，构建智慧制造体系，发展自主智能装备，深入推进智能化工厂建设；三是推进管理信息化建设，加快信息化与企业深度的融合，提升数字化、电子化、智能化的水平，提高管理效率。

第三个工程就是在打造和悦东风方面，努力与环境相关方和员工和谐共赢发展。一是以环境和谐发展，坚持节能环保的造车，造节能环保的车，构建绿色价值链，为打赢蓝天保卫战做贡献。二是与合作伙伴共赢发展，在国际合作上，坚持开放合作中主动主导，提升能力，与法国的PSA集团共同开发共享一些模块化平台，与雷诺日产联盟联合研发制造纯电动汽车，在国内合作上，博采众长、融合发展，与华为、百度等开展跨界合作。三是与员工共享发展。坚持业绩导向，让员工享有人生出彩的机会，共享共创新时代美好生活，使发展成果更多惠及员工。

新时代的汽车产业仍处在战略的机遇期，唯有创新，唯有变革才能实现高质量发展！今后，东风公司愿与大家持续携手并进，合作共赢，不断推动高质量发展，共同建设汽车强国。

嘉宾简介

安铁成

男，汉族，出生于吉林四平，高级工程师。

1994年5月—1999年10月　一汽集团公司车身厂副厂长

1999年10月—2004年7月　一汽-大众汽车有限公司规划部副部长

2004年7月—2005年12月　一汽集团公司规划部部长

2005年12月—2013年4月　一汽-大众汽车有限公司总经理

2013年4月—2016年2月　一汽轿车股份有限公司总经理

2017年4月至今　东风汽车集团有限公司党委常委、副总经理

拥抱变革时代 共创开放未来

徐和谊
北京汽车集团有限公司党委书记、董事长

今年是我们国家改革开放40周年，本届泰达汽车论坛，我想更多的是展望改革开放40年之后，未来这一段路怎么走？我们面临的是一个什么样的态势？

改革开放40年，我们现在迎来了产业的上升期。特别是今年以来，关税降低、股比放开，促使中国汽车的自主品牌崛起向上，整个汽车行业正在以先锋军的身份奋力向前。跨界融合、科技革命迎来了成果的落地期。新能源竞逐、智慧出行，可以说是风起云涌，整个汽车行业正在以一个新平台的身份全面承接这一切。

今年汽车产业格局的重塑进程明显在加快。在以电动化、智能化、网联化和轻量化为特征的技术革命推动下，在以共享化、服务化、平台化为特征的模式创新作用下，在以品质化、个性化、差异化为特征的消费升级牵引下，整个汽车产业正在以超预期的速度发生深刻巨变。站在新的历史方位和时代节点上，大开放、深融合已经成为汽车行业的主旋律。走开放道路，谋共赢发展，不仅是中国经济，也是对世界经济的有力回答，我想这也是中国汽车工业应对行业百年变革的真实写照。在本届泰达汽车论坛，我想谈三个观点，和大家一起交流。

第一，就是要立足技术突破，全面强化研发领域的改革开放，点燃创新

引擎原动力。在全面扩大开放政策之下，在全球科技革命的漩涡之中，中国汽车行业正在迎来百年一遇的变革期。中国汽车产业从没有像今天这样，距离科技革命和行业前沿如此之近。

无论是扩大开放带来的竞争加剧，或是科技革命催生的产业链开放，都要求我们必须从技术层面加快向电动化、智能化、网联化和轻量化倾斜，强化关键技术的创新能力，提升企业核心竞争力。传统制造企业、互联网巨头和科技创业公司，都将成为技术突破的创新主体。

这些年以来，北汽集团在技术研发方面早已走出故步自封的模式，融入开放共赢。比如我们建设的首个国家新能源汽车技术创新中心，旨在集中最广泛的优势资源，开展最深层次的合作融合，以共商、共建、共治、共享、共用为原则，联合共建世界级新能源汽车技术创新高地。与此同时，我们加速推进与长城等整车企业在新能源化方向的技术共享合作，形成紧密的产业联盟。我们还与百度、科大讯飞、华为等知名企业，围绕着智能化、网联化方向建立了紧密的战略合作关系。

第二，要围绕资源共享，加快实现产业链的开放合作，构建汽车产业新的格局。汽车产业发展到今天，不再只是制造行业的单线条的延展，而是涵盖制造、互联网、化工、通信、材料等领域多维度的进化。传统制造企业在平台开发、整车制造方面的经验，互联网企业在普通用户需求、提供精准服务方面的基因，化工、通信、材料等企业在电动化、智能化、轻量化方面的优势，将共同决定汽车产业变革的未来。在此趋势下，汽车产业链将与互联网产业链、化工产业链、信息产业链等发生深度的融合，形成史无前例的全新产业格局。传统车企单打独斗的制造模式即将成为历史，充分开放、深度融合的平台兴起，将会成为更多企业转型升级的主攻方向。

现在的较量不再仅局限于个体实力的竞争，而将变成产业链整体的比拼。有鉴于此，北汽集团充分把握这种战略的机遇，开展前瞻布局，探索一条围绕全产业链的开放共享发展道路。我们联合宁德时代等企业打造新能源汽车产业链的紧密联盟；2018 年 8 月我们收购了德国的铝合金巨头，在零部件轻量化方面取得重要进展；我们还发起设立了安鹏中国汽车产业发展基金，以产融结合创新资本优势，助力中国新能源汽车产业链的发展。可以说，我们是以最高程度的开放合作，最深层次的跨界融合，逐步构建中国汽车产业最强的共同体。

第三，要聚焦模式创新，积极探索生态圈的开放合作，打造品质消费的新模式。从电动化到智能网联化，再到共享出行，资本链条的增加将带来明显的长鞭效应。前端技术的小幅进阶，将大概率导致人们出行方式发生根本性的转变。这无疑为整个汽车产业的模式创新和生态圈的建设带来广阔的空间。

一方面，传统车企在激烈市场竞争中创造全新蓝海，正在积极拓展原有的以产品为核心的模式，深度布局出行服务领域，加快向出行服务提供商的延展和转变。另一方面，具有互联网基因的造车新势力，拥有大交通思维的移动出行公司等，正在通过建立充电网络构建出行平台等方式，积极地推动汽车产业生态圈的蓬勃发展。

对于北汽而言，我们2017年第四季度正式提出全集团以全面新能源化为特征的“2025战略”。北汽致力于为客户提供产品+服务+充电+运营一体化的城市绿色智能出行解决方案，我们所倡导的以换电模式为核心的“擎天柱”计划目前已经在北京、厦门等城市累计建设完成103座换电站。我们与滴滴达成了战略合作，共同探索为新能源汽车运营提供充换电等业务，我们还与苏宁等知名企业围绕新能源汽车业务开展全方位的深度战略合作。

嘉宾简介

徐和谊

回族，出生于1957年11月。中国共产党党员。

现任北京汽车集团有限公司党委书记、董事长，北京汽车股份有限公司党委书记、董事长，北京奔驰汽车有限公司董事长，北京新能源汽车股份有限公司董事长等。

他曾任首钢设计院院长，首钢总公司党委常委、副总经理，北京市经委党组副书记、副主任，中共北京市委工业工作委员会副书记等职务。

1982年毕业于北京钢铁学院（现北京科技大学），获工学学士。中欧国际工商学院MBA，华中科技大学管理学博士。教授级高级工程师。

中共十八大、十九大代表，十二届全国人大代表，十三届全国政协委员，十三届北京市政协委员，兼任中国汽车工业协会副会长，中国企业改革与发展研究会副会长，北京工业经济联合会会长，北京市企业家联合会、北京市企业协会常务副会长，北京市科协常委，北京市消费者协会副会长，首都企业家俱乐部副理事长等职，并被聘为顺义区人民政府顾问。

曾被评为“北京市优秀公务员”“首都民族团结进步先进个人”“北京市经济技术创新标兵”“最佳合资企业CEO”“中国汽车工业50周年最具影响力人物”“中国经济十大新闻人物”“2010CCTV中国经济年度人物”“2014年中国最具影响力的50位商界领袖”“2015中国杰出质量人”“第九届袁宝华企业管理金奖”“北京市劳动模范”“全国劳动模范”等，并获得国务院颁发的政府特殊津贴。

开放促进改革　改革增强活力

朱华荣
长安汽车总裁

我从“开放促进改革、改革增强活力”方面来讲一下长安的思考。改革开放的40年，也是中国汽车产业快速发展的40年，中国汽车产业早已成为国民经济的支柱产业，这是值得汽车人骄傲的，更应该致敬我们汽车产业的前辈，他们是改革开放的创始人、推动者、见证者，是中国汽车产业的骄傲。

习总书记在博鳌论坛讲话中指出：“中国开放的大门不会关闭，只会越开越大!”随后，股比放开、关税下调等相关政策纷纷出台并已分步实施，为汽车产业的未来发展指明了方向。我们应该看到，毫无疑问，中国汽车产业即将迎来更加开放的市场环境，这势必会给中国品牌车企带来很大的冲击。

市场竞争更加激烈、合资合作重新洗牌、品牌向上阻力增大等一系列挑战，可能将重塑中国汽车产业的格局。风云变幻之际，自主品牌车企应该如何自处？我想，风险从来都是和挑战并存的，关键是如何寻找到中国品牌转型升级发展的路径!

一、挑战重重，但机会多多

第一，品牌美誉度提升是突破市场的机遇。中国品牌车企通过多年的耕耘发展，不断推出高质量、高颜值、智能化的产品，满足消费市场的升级，符合国民对高质量生活的追求和现实的需求。中国品牌汽车的品牌力逐步形成，品牌的知名度、美誉度都有很大的提高，客户的认可度、购买意愿也持续提升！

根据中国汽车技术研究中心有限公司（简称中汽中心）发布的“2018 上半年中国汽车市场换购发展趋势”中显示，中国品牌汽车换购后仍然选择本车系的比例高达 38%，仅次于德系（50.4%）。以长安为例，今年上半年，换购选择长安汽车的用户，43.4%是来自于合资品牌，同比增长了 3.7%，这说明了消费者对中国品牌的认可，为我们寻求突破提供了良好的市场机遇。基于此，我认为这是中国品牌汽车这些年发展最好的一个机遇，要把握好。

第二，中国用户对于新事物和核心技术的追求与渴望是我们的机遇。通过调研发现，中国消费者对新事物、新技术的接受度越来越高。据权威平台发布的数据显示（麦肯锡研究报告）：中国消费者中认为全自动驾驶非常重要的比例高达 49%，远高于德国和美国的 16%。同时，愿意为自动驾驶车辆支付的溢价平均达到了 4600 美元，同样高于德国的 2900 美元以及美国的 3900 美元。这为我们大力发展智能网联汽车，实现差异化竞争带来了可能性。

第三，市场化、国际化的政策导向是机遇。在新一轮的开放中，政策逐步向促进市场化方向转变。政策的市场化、透明化，使投资更理性，企业深度地按市场需求、产业发展趋势来制订战略发展目标，这有利于产业中长期的健康发展。同时，开放必将促进国资体系的改革，激发更大活力。

国内市场的开放，也推动着国际市场的进一步开放。加上“一带一路”等倡议的推进，为中国品牌汽车参与全球的市场竞争提供了强有力的支撑和更多的机会。我认为中国品牌汽车要想走向全球，就必须要突破，否则我们将面临生存的危机。中国市场确实是全球最大的市场，但是自主品牌汽车也仅仅占 1/3，2/3 的市场还没有参与进去。很多同事、朋友说中国品牌车企现在很大，我个人却认为不大。所谓的大是简单的众多品牌相加而来的量大，这种计算没有价值。如果把众多品牌拆开为单一品牌来看，其实个个都很小，相对国际一流的企业，还是有很大的差距，所以我认为它并不强。

第四，我认为企业壁垒的消除、信息的开源和平台的共享成为机遇。随着进一步的开放，竞争肯定会越来越加剧！为了生存和发展，我认为车企之间、车企与跨界企业之间的竞合关系会更加明显。现在，各个企业都差不多，都是往这个方向在发展，这为中国品牌汽车整合全球的资源、扩大规模、降低成本等带来了更多的机会。我认为只有当压力达到足够大的时候，才会促进大家抱团取暖。另外，大数据、云计算、人工智能等领域的开源、共享等也为我们打造技术创新的新高地带来了机遇，这里不展开说。

竞争激烈的中国品牌汽车，如何在危机四伏的丛林中开辟出一条生存之路来推进我们的发展战略，我认为没有其他的好办法，只有遵循丛林法则优胜劣汰，唯有在这种背景和压力下，中国品牌汽车背水一战方能绝处逢生，才能在更开放的中国市场中成就更强大的中国品牌，因为竞争才是产业回归理性的正确之道。

下面，我结合长安汽车的实践之道与各位一同分享。

二、在更开放的市场，成就更强大的中国品牌

第一，经营理念的重构。在新时代，我们应积极主动适应新形势，用互联网思维创新发展。沉淀过去，心态归零，长安汽车发起了“第三次创业—创新创业计划”。长安汽车做汽车做了很多年，但我们始终秉承归零心态，认真思考应该如何重新开启长安新的发展征程，所以我们把它叫作创新创业、第三次创业。大家知道，我们第一次创业是在20世纪80年代进入微型车领域开始的。第二次创业是2000年的时候，我们进入乘用车领域，发展到今天，规模不断扩大，在汽车行业里面不断领先。我们发现：品牌的效益才是企业生存最基础的东西，我们再往后继续发展面临巨大困难和压力，所以需要重新再创业。这一次创业，我们提出了以创新为驱动，要将效率打造成为组织的核心竞争力，企业将不再以简单的销量增长为目标，而要以高质量发展，提升品牌，提升效益为落脚点，长期着手实施四大转型！即我们提出的从服务客户向经营客户转型，从经营产品向经营品牌转型，从传统产品向智

能化 + 新能源产品转型，从传统的汽车制造企业向智能出行科技公司转型。同时，我们推动“三大创新”，即模式创新、经营创新和管理创新，这背后其实是大数据、信息化、云计算、绿色发展、智能发展等，这里不展开说。

第二，企业模式的转型。传统的生产、销售已经不能满足市场需求，我们应主动转型，进行战略调整和产业结构调整，探索新商业生态模式。“转”尚有生存机会，不转必死。为此，长安汽车积极调整战略方向，在“第三次创业—创新创业计划”的战略指导下，抢抓未来 3 ~ 5 年的战略机遇期，提出自主品牌汽车系列发展规划，助推长安汽车由传统汽车制造企业向智能出行科技公司转型，迈入新一轮高质量快速发展通道。

同时，我们还积极开展新业务的创新与探索，重点布局出行服务、新零售、金融投资等领域，进行多维度的产业布局。

第三，“朋友圈”的拓展。长安汽车打造了两大“朋友圈”。在智能出行领域，我们组建了“北斗天枢联盟”，构建智能驾驶、智能网联、立体交通三大产业生态联盟，共建开放共赢的智能产业平台。在新能源领域，2017 年 10 月我们发布了香格里拉计划，构建了“香格里拉联盟”，通过资本合作、战略合作等多种模式，共圆香格里拉绿色梦想。这个联盟还在进一步的拓展和完善当中，就如我们和东风、一汽一起在打造一个更大的朋友圈。我们这三大公司的合作是出于自愿的，在此基础上，我们会共同探讨若干领域的合作，谋求更好的发展。我也坚定地认为这是非常有前景的合作，能够大幅度地提升有效的资源。

第四，智能新能源汽车产品的突破。产品是所有企业的基础，没有产品，一切都是空谈，所以我们会继续依托长安汽车“五国九地”全球协调研发体系，将“智能化”和“新能源”打造成为长安产品的标准配置。

在智能化领域，我们前不久发布了“北斗天枢计划”，将打造智能出行伴侣“小安”，为用户提供安心、开心、知心、省心的“四心”汽车平台。我们认为用户购买的是一个和汽车有关的平台，这不仅是一个简单的解决移动出行工具的平台，更是一个工作平台、生活平台。理论上讲，它可以涵盖用户所有的生活和工作，可以解决一切需求，所以我们把它叫汽车平台，而不是汽车。随后，我们也将通过“4+1”行动，助推长安汽车由传统汽车企业向智能出行科技公司转型。我们预计到2020年，长安量产车型将达到L3级（有条件自动驾驶）水平，到2025年将达到L4级（有限区域无人驾驶）水平。同样在新能源汽车领域，我们也有一系列的战略在有序推进，在此不再赘述。

最后，开放合作共谋中国品牌汽车产业新发展。新的时代，呼唤新的企业家精神。目前，就单一品牌而言，中国品牌既不大也不强，面对新时代、新变革，中国品牌的强大，需要我辈汽车人共同努力。在此，我呼吁：中国品牌间加强合作，不搞格局低下的“小动作”，凝聚一心，携手共进！只有抢抓时代先机，变革突破，强强联合，才能成就更强大的中国品牌，走出一条高质量创新发展之路，为实现中国汽车强国梦贡献我们的力量！

嘉宾简介

朱华荣

研究员级高级工程师，现任长安汽车总裁，重庆市人大常委会常委、中国汽车工业协会专家委员会专家，全球汽车精英组织成员。

他曾获“全国五一劳动奖章”“改革开放30年中国汽车工业杰出人物”“富民兴渝贡献奖”等荣誉，享受国务院政府特殊津贴。

以改革创新引领新征程　开创高质量发展新时代

冯兴亚
广州汽车集团股份有限公司总经理

非常荣幸参加本次泰达汽车论坛，按照大会的安排，下面我代表广汽集团向大家报告我们对汽车产业高质量发展的认识和广汽的相关实践。

一、瞄准新方向，开启新发展

今年是全面贯彻落实党的十九大精神的开局之年，也是“十三五”规划承上启下的关键之年。党的十九大报告对今后一段时间做了一个很重要的判断，就是“中国将步入发展新时代”。新时代一个最基本的特征就是中国经济将由高速增长转向高质量发展阶段，要以高质量发展来满足人民日益增长的美好生活需要。

中国汽车产业作为国民经济的重要组成部分，承载着人民美好生活的向往，同样也面临着高质量发展的时代要求。经过几十年的改革创新，中国汽车产业经历了从无到有、从小到大的发展过程，至今产销量连续 9 年位居世界第一。虽然中国汽车产业取得了举世瞩目的发展速度和成绩，但是仍然存在产业大而不强、自主创新能力较弱、关键核心技术有待继续突破、零部件体系薄弱、高端品牌缺位等问题，这与人民对美好生活向往的要求还存在一定的差距。

因此，进一步深化改革、扩大开放，着力推进创新驱动，适应新时代发展要求，推动汽车产业向高质量发展阶段迈进，是当前产业的首要任务。

二、把握新机遇，培育新动能

新一轮技术与产业变革为中国汽车产业的高质量发展创造了绝佳的战略机遇，产业新旧动能转换实现换档提速，为我国汽车产业跻身世界汽车强国之林创造了有利条件。

一是汽车电动化发展进入井喷期。中国品牌车企电动汽车布局基本完成，大量互联网公司、造车新势力以及合资企业的新能源汽车也步入发展的快车道。“三电”技术日益成熟，续驶里程和用户体验稳步提升，产品实现快速迭代，基础设施逐渐完善，消费者接受度提高，电动汽车将迎来快速发展阶段。

二是智能网联汽车实现加速导入。今年4月，工信部、公安部、交通运输部三部委联合印发《智能网联汽车道路测试管理规范（试行）》，智能网联汽车正式从试验场走向公共路面测试。随着软硬技术的逐渐成熟，智能网联汽车产品将加速推出。根据国家发改委的规划，到2020年智能汽车在新车中的占比将达到50%。根据咨询机构的预测，到2025年超过90%的新车将标配车联网。

三是汽车共享业务向纵深发展。新资本进入、城市化进程加快、信息技术发展、消费观念转变使消费者逐渐由汽车拥有者转变为汽车使用者。网约车、分时租赁等移动出行业务迅速发展，正引领行业变革，部分出行服务商的估值已经超越传统车企，未来汽车共享出行业务将拥有很大的发展空间。

四是行业迎来数字化转型契机。数字化已经深度渗入汽车产业的研发、生产制造、供应链管理、产品销售和服务等各个环节，用户将通过数字化技术体验并参与产业的各个关键节点。根据科尔尼公司的预测，在汽车行业加速数字化的进程中，数字化对整体业务的贡献预计达到5%~40%，数字化将深度影响到汽车产业的整个价值链。

三、聚焦新趋势，推动新变革

广汽集团主动适应新时代发展要求，以市场为导向，坚守品质优先，诚信合作，持续开展改革创新，着力推动供给侧结构性改革，扩大中高端供给，实现了质量和效益的双提升。下阶段，广汽集团将继续通过“动力变革、质量变革、效率变革”，积极培育发展新动能，加快实现高质量发展。

一是以改革为引领，深入推进“动力变革”。高质量发展的动力变革，就是从要素驱动变为创新驱动。当前，汽车产业正处于新旧动能转换的关键时期，智能网联新能源汽车、共享出行、数字化转型是大势所趋。只有以改革为引领，坚持把创新作为发展的第一动力，紧跟行业发展趋势，才能实现未来务实高效的高质量发展。

广汽集团紧抓行业发展趋势，已经将“电动化”“网联化”作为“十三五”期间的重要突破方向。2018 年 7 月，广汽集团与宁德时代电池合资合作项目签约，将有力提升新能源汽车产品动力电池持续性、综合性的竞争能力。坚持高端定位的广汽新能源汽车首款纯电动 SUV 产品 GE3 一经上市，就取得了良好的市场效果，销量持续增长，不仅荣获 2017 年第五届轩辕奖的“新能源奖”，还被媒体评为 2017 年最受欢迎新能源 SUV。今年 1 ~ 7 月，广汽集团自主品牌新能源汽车销量达到 9400 辆，已迈上快速发展的通道。随着获得国家最高补贴、综合工况续驶里程超过 410 公里的 GE3 530 上市，今年广汽新能源汽车销量有望突破 2 万辆。从明年开始，广汽将以每半年一款的速度，密集推出纯电动汽车系列产品。预计到 2020 年，新能源汽车产品的产销量将占广汽集团整车产销规模的 10% 。

今年 6 月，传祺新款 GS4 上市销售。GS4 搭载了新一代人工智能出行方案——“祺云概念”智联系统，积极为用户提供高效、智能化、社交化的汽车出行体验，体现了我们开始对未来汽车互联生活的战略布局。同时，具有在高速公路上自动驾驶能力的首款产品也将在明年实现量产。另外，广汽集团“智能网联新能源汽车产业园”的建设工作正在按计划顺利进行，目前 70% 的项目已经敲定。

同时，广汽集团正在积极探索汽车共享业务，围绕“移动生活价值创造者”的品牌定位，充分挖掘产业链价值，探索打造一站式共享出行平台，构建综合智能交通解决方案，不断为客户提供优质的产品与服务。目前，移动出行的项目组已经成立，广汽集团联手战略合作伙伴打造的移动出行平台将在明年正式向消费者提供高质量、可信赖的移动出行服务。

二是以创新为引擎，着力推动“质量变革”。质量变革不仅体现在产品质量的提升上，更体现在创新能力、技术话语权和品牌自信上。广汽集团坚持自主正向开发，打造核心竞争力，构建了以广汽研究院为核心的全球研发网络，已形成较为完备的整车及整机自主正向开发能力，构建了一套具有国际先进水平的自主研发流程体系，形成了具备世界品质、可持续改善的A0/A、B/C以及新能源三大产品线。同时，广汽集团在美国设立了硅谷北美研发中心、洛杉矶前瞻设计中心和底特律研发中心，吸纳全球优秀人才，整合资本、零部件、前瞻技术等全球优质资源，打造高质量的世界级中国品牌。

通过多款明星产品的上市畅销，广汽集团的研发实力得到了各方认可。通过发挥在新能源汽车方面的技术实力，已向广汽三菱输入了广汽研究院研发的“祺智”插电混动车型；向广汽丰田输入了纯电动汽车ix4。目前，广汽本田和广汽菲克也在推进类似项目。

优秀的品质推动品牌持续向上。继传祺GS8成功突破中国品牌“20万元价格天花板”之后，2018年，传祺GM8冲击20万元以上高端MPV（多用途汽车）市场，月销迅速突破4000辆，全面开启中国汽车品牌高端化的新时代。

三是以协同为抓手，扎实做好“效率变革”。效率是企业的生命，企业管理的根本问题就是效率问题。广汽集团坚持内部高效协同、外部开放合作，综合利用技术和管理手段，助推效率变革。

在研发环节，我们以大数据和云计算为核心手段，加强与用户的双向沟通，开展产品定制化研发设计。例如，在传祺GS4换代造型设计过程中，应用网络调研平台模式，让产品企划决策更清晰、更准确。在生产制造环节，已经完成核心技术标准化、设备智能化、生产线自动化、物流信息化、网络可视化、操作简单化、安全环保节能等方面的智能制造升级，着力推动人与机器的协调工作。在营销服务环节，我们构建了“线上+线下”模式主导的电子商务体系，高度整合厂家直营电商及经销商网络电话直呼中心体系，强化厂商协同，极大地优化了新车销售流程，提升了客户体验，让消费者更加便捷、高效地享受我们的产品和服务。

同时，广汽集团高度重视外部协同，提升发展效率。我们开放性地与信息通信、互联网、人工智能、地图导航、语音识别，以及造车新势力等企业开展了广泛合作，着力推进“汽车＋互联网”创新，着力构建并扩大智能网联“朋友圈”。我们还与多家全球顶级供应商构建了战略同盟，在零部件配套、产品开发、技术共享、成本控制、市场开拓等方面开展合作，打造最强韧、可持续发展的供应链体系，为公司开展“效率变革”夯实了基础。

面向未来，我们将继续以改革创新为引领，以“质量、效益”为中心，坚持“自主创新”和“合资合作”不动摇，推动实现“从制造向创造、从速度向质量、从产品向品牌”的转变，开创高质量发展的新时代，力争在2027年即公司成立30周年之际，进入世界企业100强；在2037年即公司成立40周年之际，成为具有全球竞争力的世界一流企业。

嘉宾简介

冯兴亚

1969年出生，硕士研究生学历，获得工商管理硕士学位。曾任广州汽车集团股份有限公司常务副总经理，广汽丰田汽车有限公司销售部副部长、销售本部副本部长、副总经理、执行副总经理、董事，郑州日产汽车有限公司副总经理、党委委员，郑州海燕搪瓷股份有限公司副董事长兼总经理、党委委员，郑州日产汽车配套处处长，郑州轻型汽车制造厂车间主任、厂办副主任。现任广州汽车集团股份有限公司总经理。

2008年3月被广州市委、市政府评为“广汽集团十年发展突出贡献先进个人”，2009年3月在“第四届华鼎奖汽车年度人物”的评选中获得“2008中国汽车年度风云人物大奖”殊荣，2009年被人力资源和社会保障部、中国机械工业联合会评为全国机械工业劳动模范先进工作者，2013年6月被人民网主办的“新中国汽车工业诞辰60周年盛典”评选为“中国汽车工业60年卓越贡献人物”。

6

国际品牌聚力中国共创共赢

《汽车产业中长期发展规划》指出将继续扩大对外开放，鼓励利用外资及引进相关先进技术和高端人才，加强与跨国企业的战略合作，全面提高合作水平；加强政策引导，促进合资合作品牌与中国品牌共同发展，共同开拓国际、国内两个市场；鼓励合资合作企业加大研发投入，提高本地化开发车型比例；鼓励合资合作企业与其内资企业加强技术和人才交流。

国内汽车市场的重要性在不断提升，跨国企业纷纷加大对中国市场的投入和布局。随着改革开放的全面推进，外资投资管理制度更加完善，合资企业股比限制有序放开，服务保障体系更加健全，为跨国企业营造了良好的发展环境。未来，国际品牌如何与中国品牌通过合作实现共创共赢，成为行业关注热点。

日产中国事业的历史和面向未来的技术战略

西林 隆

日产（中国）投资有限公司董事、总经理

今天我要演讲的内容主要有以下几点：日产中国事业的历史、东风汽车有限公司的设立、零部件出口事业，以及与中国相关机构的合作，最后介绍一下日产的智行科技战略。

大家都知道20世纪80~90年代，引入外资在中国形成了一个热潮，遗憾的是，由于日产公司内部的情况，日产当时没有正式参与到中国的相关业务中。

日产正式进入中国市场是2000年以后。2003年6月，我们和东风汽车有限公司建立了合资公司，这是在确立了三个基本方针的基础上建立的，第一，要建成一个世界顶级的企业，第二，建立受客户欢迎的品牌，第三，推进造车育人的本地化。从2003年合资公司建立以来，我们已经实现了年销量达到150万辆汽车的水平。

日产在全球建立的合资工厂约50个，在中国的三个工厂在2017年的评选中都入选了综合竞争力前三名。

在零部件出口方面，依托零部件量产价格的优势，2006年日产开始在中国开展零部件的出口业务，2017年出口金额比2006年增长了约45倍，取得了很大的发展。

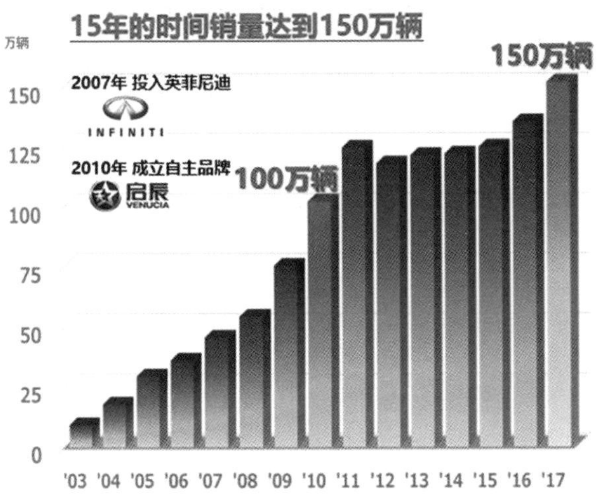

日产（中国）公司汽车销量

下面介绍一下日产在华有关技术领域的合作及成果。

首先，我们和中汽中心的合作始于2007年，已经持续召开了12年“汽车安全论坛”，进行事故的数据分析以及中国交通事故的深入研究。此外，日产在安全法规方面的工作对于事故的减少也做出了贡献。同时，我们也希望能够对未来技术标准的制定做出贡献，因此在ADAS（高级驾驶辅助系统）等领域进行了合作研究，对于更进一步的自动驾驶领域也开始布局。

至于日产的最新技术，我想谈一谈日产品牌战略当中的智行科技模块。日产智行科技包括智能驾驶、智能动力、智能互联三大核心领域。此次给大家介绍一下最新的纯电动汽车和e-POWER技术。

日产率先在2010年实现了纯电动汽车的量产。截至今年6月日产纯电动汽车聆风已经销售了约40.5万辆。由于采用了安全优先的设计理念，迄今为止聆风从未发生过电池起火等严重的安全事故。2017年上市的新聆风续驶里程增加到400公里，并且搭载了智行科技的自动驾驶和自动泊车新技术。

采用东风日产智行科技多种技术的新车型——轩逸零排放车将于今年下半年上市销售，它搭载了LDW（车道偏离预警系统）、IEB（预碰撞智能制动系统）、CTA（倒车车侧预警系统）、BSW（交通盲区预警系统）等技术。

接下来看一下电动汽车的新模式——e-POWER，因为是采用100%电动驱动，所以它与纯电动汽车的驾驶感觉相同。在沿用纯电动汽车基本组成的同时搭载专用的发动机，使发动机与轮胎分离，实现了高效率的运行，从而达到良好的燃油经济性，用1.2L发动机即可以达到纯电动汽车和2.0L涡轮增压汽车的起动加速度和更高品质的加速性能。

以上是我做的简单介绍。我们会继续努力让日产的最新技术能够在中国实现国家的政策目标的过程中做出贡献。

嘉宾简介

西林 隆

自2011年起至今，担任日产汽车公司理事、中国事业部本部长，兼任日产（中国）投资有限公司董事、总经理。

西林 隆于1979年进入日产汽车公司工作。1994年起担任日产汽车公司亚洲与大洋洲事业部经理。2001年起担任中国事业部高级经理。2003年起担任一般性海外市场中国事业部总经理。2010年开始担任中国事业部总经理。

梦想的力量

長谷川 祐介
本田技研工业（中国）投资有限公司
执行副总经理

我是来自本田中国的長谷川 祐介，很高兴与大家共聚一堂，也感谢主办方对我的邀请。1981年，本田就开始了在中国的电动摩托车业务，我们不断地扩展了本田在华业务的规模，并且和一些汽车及电子企业进行了合作。我们在中国市场上的业务发展时间已经超过了30年，现在我们在华已经建立了16家分支企业和工厂，形成了完善的企业布局，可以融合我们业务的所有方面，从产品研发、生产一直到销售，这些使得本田能够在每一个业务领域都实现稳健的业务增长。今年我们正在庆祝广汽本田成立20周年，广汽本田是1998年开始建立业务，所以是20周年，与此同时，我们还在庆祝东风本田15周年。可以说，本田在中国发展的历史很长，我们和业务伙伴一直携手合作开拓中国市场，通过引入全新的技术和产品，我们在过去五年当中实现了销售额的翻倍！在2018年5月，我们在中国的汽车销量已经达到了1000万辆。为了能够为中国的消费者提供独特的驾驶乐趣，我们将会继续在华扩展我们的生产能力。第三家东风本田工厂将会在明年正式启动，有了这样一家新的工厂，本田将会在中国树立更高的增长目标。

谈到这里，大家都知道，围绕汽车的商业环境，现在正在进行一轮非常重大的变革，尤其是在一些先进的技术领域，比如说网联化、自动驾驶、电动化和汽车共享这些方面，对于我们将来的业务增长都是不可或缺的！要想在中国市场上立于不败之地并不容易，所以为了能够应对挑战，2017 年本田设定了全球 2030 愿景。这能够帮助我们明确我们将来要成为什么样的公司，以实现我们在华的未来愿景，我们将会与我们在华的卓越的伙伴一起合作实现双赢。

本田认为汽车产业当下面临的这一轮的重大转型是一个机会，挑战性精神是我们本田基因中的一部分。在互联网领域，本田正在和阿里巴巴旗下的高德地图进行合作，我们共同开发下一代的车载信息系统，我们把它称为本田的智能互联。比如在线支付和语音识别，有了本田的 content 这样的智能互联系统，我们就能够实现更好的互联体验，以此来服务于我们的消费者！为在人工智能领域实现先进的自动驾驶，我们加入了由百度主导的阿波罗联盟，我们致力于积累先进技术，使得在中国的高精度自动驾驶更加安全！在电动化领域，针对中国汽车行业的一些监管法规，近年来可以说变得越来越严格，但是本田把这些高的监管法规看作我们的机会，我们认为我们能够进一步以先进的技术推动电动汽车的发展来服务于中国市场。事实上，我们正计划在今年年底之前对在中国的一个电动车车型进行量产，现在正在研发。这是由本田技研和在华的合资企业一起联合开发的。

我们加强了与东软集团的合作。东软集团是一家在华领先的 IT 解决方案提供公司，我们一起合作在重点领域来研发核心技术，比如电池管理、对车辆数据的云计算和云管理、网联汽车的技术。同时，我们还在中国利用一系列的本地化资源，我们坚信电动车的普及将会进一步促进汽车共享业务的增长。我不知道这对于生产商是不是好事情，但是这是未来的趋势，因此本田已经在这方面进行了投资，我们投资的这家公司也是东软睿驰的子公司。我们会推进汽车共享业务，本田将不再是单纯的汽车制造商，我们也将会为中国的消费者提供创新的体验，提供物有所值的移动出行服务。我们依靠的是致力于为客户实现最大限度的愉悦和满足！为了让本田能够持续地提供新的服务，我们需要开发独特的技术、产品和服务，我们将会和一些前瞻性的和创新的 IT 公司一起携手努力。中国是一个充满活力的国家，许多初创企业提供了新的技术和服务，并且我们看到初创公司越来越多。为了能够加速我们开放的创新计划落实，以及最大限度地落实，我们在今年启动了本田加速器项目，这个项目能够提供各种各样的资源和机会，有利于我们与之合作。我们会支持并且能够帮助一些领先的初创企业生产和测试车辆。

在中国正上演的这一轮产业变革步伐很快且充满活力，能够极大地激活本田的创造精神和挑战精神。本田现在所面临的一系列挑战，将有助于我们进一步增长我们的业务。本田将会继续与中国的领先企业进行合作，一起来建立一个科技的世界！

嘉宾简介

長谷川 祐介

本田技研工业（中国）投资有限公司执行副总经理。

1986 年　进入本田技研工业株式会社

2009 年　本田技研工业株式会社基础技术研发中心第 2 研究室室长

2011 年　本田技研工业株式会社第 5 技术开发室室长

2014 年　本田技研工业株式会社董事会常务执行董事、基础技术研究中心中心长、智能移动开发室负责人

2015 年　本田技研工业株式会社董事会常务执行董事、Advanced Research Division 负责人

2016 年　HRD（Honda Research & Development）Sakura 主席研究员、F1 项目总监

2018 年　四轮 R&D 中心主席研究员、本田技研工业（中国）投资有限公司执行副总经理、本田技研科技（中国）有限公司执行副总经理、R&D 中心所长

在新时代与中国一起成长

高乐
宝马集团大中华区总裁兼首席执行官

我代表宝马分享宝马集团在新时代的发展规划，以及如何在互利共赢的合作中得到成长。

审视汽车行业，有两种趋势正在同时进行，一种是低碳化，另一种是数字化。这对全世界都产生了影响，但在中国的进程则更为迅速，中国处于发展的最前沿。我们仔细研究了中国的十九大精神，以及今年两会的相关议程。中国政府传达的信息已经很明确——发展的方向是绿色、共享、创新和高质量增长。作为企业，我们也应当积极拥护这些路线。作为德国人和欧洲人，我们有时会缺乏明确的目标，而在中国，则会有五年计划和十年计划。制定目标后，才能得知如何去做。在汽车领域，明确的目标是不可或缺的。

近几年的发展计划中，新能源汽车尤为引人瞩目。到2020年或2025年，汽车会更加智能化和互联化。中国雄心勃勃，有望在2030年引领人工智能行业，促进共享经济为GDP增长做出贡献。我们需要将这些目标纳入企业战略之中。目前，中国的城市化率约为60%，首个真正意义上的智能城市将不会出现在美国或欧洲，而是在中国。宝马集团作为出行服务的供应商要如何为智能城市的发展做出贡献！当然，这也关系到宝马集团的未来发展。我们需要寻求解决方案，参与到智能城市的建设之中。我们深入研究了中国战略，并与宝马集团全球战略紧密联系。

宝马集团在中国有一个“2+4”战略。几周前，我们在柏林签署了一些非常重要的协议。

我们正加强与华晨集团的合作，并与华晨宝马一起成长。双方已达成协议扩大本土化车型的产能，扩展合作伙伴关系。举例来说，宝马品牌旗下第一款纯电动汽车宝马 iX3 将在合资企业华晨宝马沈阳工厂进行生产。

另一方面，我们重新审视了 MINI 品牌战略。目前，MINI 品牌没有在中国本土生产，而中国市场规模巨大。在柏林，我们与长城汽车签署了合资协议，在中国生产 MINI 品牌电动汽车。

宝马在未来发展的四大战略方向称为 ACES，即“自动化（Automated）、互联化（Connected）、电动化（Electrified）和服务化（Services）”。接下来，我想谈谈“2+4”战略，也就是两个品牌加上四项技术。

宝马集团董事长科鲁格先生曾经明确表示，宝马集团的未来在于电动化和数字化。我们正转型成为一家高科技公司。在上海，宝马集团成为中国首家获得自动驾驶四级（L4）许可证书的整车制造商。竞争从未停止，新的企业正在不断参与进来。除了传统的厂商外，还有不同阶段的新兴企业参与到行业竞争中来。同时，我们不应该低估生产的复杂性。ACES 战略将助力宝马集团保持竞争力和进取精神。

为此，我们投入大量资金用于研发。2017 年，宝马集团将全球营业额的 7% 投入研发，约为 460 亿元人民币。资金主要用于电动汽车研究。在德国，我们建立了一个自动驾驶研究中心。

同时，我们加大了对中国市场的投资，建立了三个研发中心，组建了多达千人的专业人才队伍。在沈阳，我们专注于新能源汽车，已拥有电池组装生产线，负责能源管理等。在北京，我们则更关注于本土化，以满足客户需求。在上海，我们主要研究数字化和互联技术。

过去，宝马集团战略为“在中国，为中国”。现在，则是“在中国，为中国，为全世界”。在自动驾驶和互联领域，中国处于领导地位，这也会带动宝马集团全球生态系统的发展。如今，中国汽车产业对外开放政策被广泛提及，部分业内人士认为开放是一种威胁。就我个人而言，我认为这是一个能使中国汽车厂商更加强大的契机。

我们该怎样应对对外开放政策？中国的国家发改委公布了合资企业股比关系的变化，已经明确到2020年，合资企业的股比关系会有所变化。

目前，我们已与长城汽车签订了合资协议，与华晨集团签署了框架协议，与百度在柏林签署了协议，成为阿波罗项目的董事会成员。同时，我们还与CATL进行长期合作，签署了一些重要的采购协议，用于沈阳生产的宝马iX3车型。CATL还将在德国建厂，为宝马集团提供电池。

最后，关于初创企业。宝马集团拥有孵化器，北京、上海和深圳的创新能力也很强，对外开放将使中国市场更具竞争力，最终使整个汽车行业受益。

展望未来，企业间需要建立“竞合”关系。比如宝马与奔驰之间，虽然我们是竞争对手，但我们会在共享出行方面整合两家企业的业务，我们在竞争与合作之间寻求平衡。

我们需要清楚地了解政府政策，并与政府当局、智囊机构密切合作，这对形成正确的决策具有十分重要的作用。与此同时，我们应寻求更多的合作。行业转型将带来巨大变化，单一企业无法在这一变化中独善其身。

此前，我们谈及了智能城市和智能互联，最后，我们应该谈谈标准。以电池密度为例，我们目前正在开发电池技术，我们需要有非常明确的标准作为指导。我们期待与各界更加密切的合作，用宝马集团理念来讲：预测未来的最佳方式就是创造未来。

我们希望继续深耕中国市场，并为汽车行业的发展做出贡献。

嘉宾简介

高乐

宝马集团大中华区总裁兼首席执行官。

工作经历：

1990—1999 年在多家德国和瑞士企业担任市场营销相关职位

1999—2004 年加入宝马集团，先后在方程式赛车运动部门及 MINI 品牌管理部门担任管理职位

2004—2009 年任宝马集团大中华区和宝马中国市场副总裁

2009—2013 年任宝马集团英国 MINI 品牌总监

2013—2015 年任 MINI 品牌全球高级副总裁

2015—2018 年任华晨宝马汽车有限公司营销高级副总裁

2018 年 3 月 1 日起任宝马集团大中华区总裁兼首席执行官

实现本地化战略对保时捷非常重要

严博禹

保时捷（中国）汽车销售有限公司总裁及首席执行官

2018 年 7 月起，我开始担任保时捷中国的 CEO 和总裁，此次我从豪华品牌的视角发表演讲。

2017 年，保时捷在全球销售了约 25 万辆车，其中在华销量超 7 万辆，占比约 29%，中国是我们最大的单一市场。

未来，我们还要进一步增强生产能力和销售能力。我们已经决定进入到不同的市场，以获得更多市场上的机会。

保时捷在华不仅销售豪华跑车，还同时拓展多元化业务板块。

今年 6、7 月，我们在上海建立了保时捷体验中心。上海保时捷体验中心是我们在亚洲所建的第一家体验中心。落地上海是非常关键的一个选择，这可以服务于我们的中国客户以及整个亚洲的客户。

我们在华还有一个子公司，就是建于 2015 年的保时捷工程技术研发（上海）有限公司，这家子公司能够为中国消费者及合作伙伴提供一些汽车工程学方面的服务，使得他们能够更好地了解汽车工程学的技术和知识。

我们能够提供非常好的服务，即通过保时捷商务服务有限公司的金融服务来为用户解决资金方面的问题。我们和中国的银行以及机构进行合作，一起提供这样的解决方案。

我们还有保时捷管理咨询有限公司，这家公司于 2013 年在上海成立，它服务于很多领域，帮助一些咨询公司了解更多的生产流程。

最后，我们还有一个 IT 方面的公司，能够帮我们解决统一的管理需求，同时也能够在落实管理流程方面提供很好的专业建议。

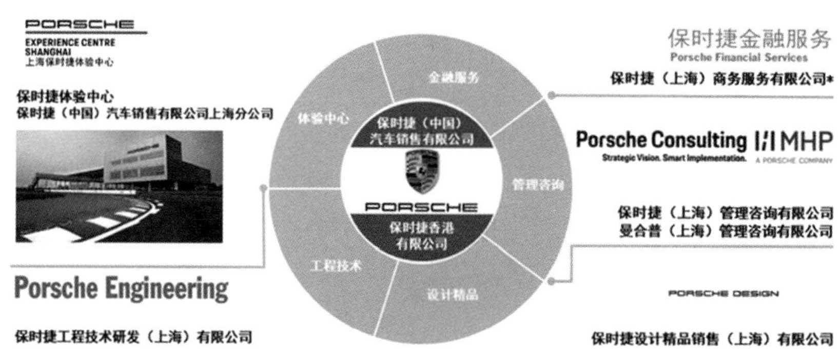

保时捷（中国）公司架构

积极为电气化时代铺路架桥，Taycan 将成为第一辆纯电动保时捷

保时捷认为实现战略本地化是非常重要的，这能让我们充分了解并且确定中国市场的需求，提供定制化的服务。我们已经制定了 2025 战略来满足中国市场的需求，其中一个非常重要的方向就是电动化。我们将会在 2020 年向中国市场推出一款电动车——Taycan，该车将成为我们进入中国的第一辆纯电动保时捷汽车。

此外，我们希望能够在汽车的生产和共享汽车方面开拓新的领域。

我们的资本投入不只是生产汽车、开发汽车，还包括不断改造我们的生产设施，尤其是在德国总部的生产设施，我们希望能够推出最大续驶里程的电动汽车。到 2025 年的时候，我们会有更多的车型加入到电动汽车的阵容当中，我相信这会改变电动汽车的面貌。

我们也非常重视赛车这个活动，希望能够进一步和竞争对手进行赛车方面的比拼。过去，我们推出了很多赛车，将来会增加更多车型，它们会更加具有运动感，更加具有动力，能够创造新的历史。

生于赛道的保时捷将于 2019 年进军电动汽车方程式锦标赛，希望通过这种做法进一步磨砺我们的电动汽车技术。显然，电动化将是驱动我们发展的一个新引擎，我们希望能够改变整个汽车商业的系统，改变整个环境。

不断加强与国内伙伴的战略合作

我们必须和经销商密切合作，一起努力建立一种新的服务交付模型。

我们现在需要和中国的相关企业进行密切合作。我们过去从与他们的合作中学到了很多，我们也期待能够继续开展这样的合作，确保人们能够获得非常好的用户体验。

我们和平安银行、中信银行及其他银行开展合作，这能帮助我们提供非常好的金融能力。我们和中国国内的充电公司开展合作和认证，这种合作覆盖了很多公路。最后我们要考虑到中国年轻一代的认知和习惯，我们需要和中国的高校进行合作，致力于维护、满足中国的市场需求。

我相信通过和中国的合作，作为全球品牌，保时捷一定能拥有更美好的未来。

嘉宾简介

严博禹

现年53岁，拥有在汽车行业27年从业经验。

主要工作经历：

2018年7月出任保时捷（中国）汽车销售有限公司和保时捷香港有限公司总裁及首席执行官一职。

1997年加入保时捷，历任诸多职位，包括欧洲子公司及全球的管理工作。于2004年和2010年分别被任命为保时捷集团客户关系副总裁和售后副总裁。2015年，被任命为保时捷德国首席执行官，负责维护德国本土市场。

在保时捷之前，他在菲亚特集团工作七年。

研究与管理领域：

在汽车工程及销售领域拥有丰富的经验。

INTERNATIONAL FORUM (TEDA)
ON CHINESE AUTOMOTIVE INDUSTRY DEVELOPMENT
2018 泰达汽车论坛集萃

7

电动化、智能化引领汽车产业变革

随着电子、信息、通信、人工智能等技术与汽车产业加速融合，智能汽车成为当前及未来的研究热点、产业增长的新兴动力，规划和发展智能汽车是企业实现转型升级的重要抓手，也是引领产业变革、形成新竞争优势的重要途径。标准法规建设对智能汽车有着积极的促进、引导作用，有助于形成有序的发展环境，受到业界关注。在顶层设计的指引下，智能汽车核心技术蓬勃发展，新兴技术不断涌现，整车、零部件、信息科技、通信等各类企业争相涉足智能汽车领域，进行产业链布局。跨领域的合作日渐增多，为智能汽车的更快发展奠定了基础，也将创造出更多的产业新机遇。

新能源汽车发展若干技术问题

孙逢春

中国工程院院士、电动车辆国家工程实验室主任、北京理工大学教授

我从微观的技术层面谈一下中国新能源汽车下一步发展面临的若干问题，仅是一些不成熟的想法。首先，简要地回顾一下我国新能源汽车的发展。我国新能源汽车产业总体上取得了巨大的成就，而且是举世瞩目的成就。在此成就之下，新能源汽车产业下一步发展面临着什么问题，我们应该进行思考。我个人认为总体来讲，在具体的技术发展目标，第一个是高效节能、安全舒适；第二个是适应全气候环境，也就是从目前温热带的推广应用到将来高寒地区的推广应用；第三个是在推广运行方面实现网联化，从目前主要以安全监控、里程核查、质量分析为目标，过渡到支撑智能交通与共享技术的推广与应用；第四点是应用的全域化，也就是从城市推广到城际，再进一步扩展到乡村。另外，从充电基础设施建设来讲，技术的发展应该是多元化，包括慢充、快充、快换以及无线充电等。

习近平主席在2018年全国两院院士大会上对新能源汽车的发展做了一个系统的、全面的总结，就是我国新能源汽车已经跻身世界前列。我国电动汽车销量全球第一，总体处于国际先进水平，全国充电站和充电桩数量已经超过60万个，其中公共充电站保有量约28万个，规模为全球第一。国家新能源汽车监控平台上的数据显示，我们已建成了国家、地方政府和企业三级监管体系，目前已经在线运行的车辆超过了111万辆。

以上回顾了我国新能源汽车的发展，那么下一步新能源汽车产业发展从技术的角度来讲，应该向何方向发展？我个人认为新能源汽车是一个大系统，是由三大子系统构成的系统。第一个子系统是电动车辆，第二个子系统是充换电基础设施，第三个子系统是车联网大数据平台。新能源汽车总体技术目标应该是三句话，一是高效节能，二是安全舒适，三是全气候。我个人总结的是新能源汽车产业需要在八大关键技术领域进行持续攻关，包括我们已经努力了多年的“大三电”（电池、电机、电控）以及下一步要着力去解决的“小三电”，同时还有轻量化和全气候，以后的新能源汽车应该是全气候的汽车。

我想挑几个重点谈谈个人的想法。第一个是动力电池，动力电池未来的发展将体现高能量、高能效、高安全、高寿命、全气候、全固态、低成本。我国已经制定了“十三五”的发展目标和技术路线，我这里就不再多说。我们还有像正负极材料、隔膜、电解液、制造工艺、高端制造装备等核心关键技术需要攻关和突破。电池实际上是由两部分组成，一部分是电芯，另外一部分最重要的就是电池管理，首要是安全管理。今天上午的会议，主要领导都谈到安全是我国新能源汽车可持续发展的重要底线，所以电池管理具有非常重要的意义，这也是目前国内外集中力量研究想要突破的重点和热点技术。

第二个是电机驱动与传动。高效高功率密度的电机加上高效传动系统，是电机下一步重点发展的方向。要使电动汽车的能耗降下来，必须让电动汽车的电机工作在高效区，高速高功率密度大功率电机、功率电子芯片IGBT/SiC[㊀]、高端计算芯片、大功率高速轴承等核心、关键、基础元器件方面应该继续攻关和努力。同时，电动轮毂也将会成为下一个技术研究开发和有待突破的热点。其核心关键技术：一是高速、高功率密度、高效轮毂电机技术；二是高紧凑制动器技术；三是超高强度、大变比减速技术；四是超高强度轮

㊀ IGBT指绝缘栅双极型晶体管芯片，SiC指碳化硅。

毂载荷传递组件技术。

第三个是全气候的空调。第四是轻量化。轻量化的主要技术发展方向，首先是结构轻量化，其次是轻量化材料。其实，结构轻量化的重要性远远大于材料。结构性轻量化加上材料以及连接的轻量化，将颠覆汽车原有的生产工艺，使轻量化达到超乎预想的效果。科技部目前正在进行的客车轻量化研究项目主要从这三个方面着手，已经把 12m 客车的整备质量从 15t 左右降到了 10t 以内，这是一个巨大的进步。

第五个是全气候问题。大家都有体会，电动汽车很怕冷。日本做的一个试验表明，常温下电动汽车能行驶 160km，零下 6℃只有 69km，零下 25℃就开不动了，温度降低，电动汽车的续驶里程会大幅降低。

标准续驶里程实际上是在常温环境不开空调的情况下所获得的一个理想的续驶里程，这是满足不了用户的需求。下一步我们必须发展适应全气候的车辆和全气候下能安全运行的电池。全气候车辆，是指在零下 40℃的条件下能正常运行的车辆。目前，我们正在冬奥会的项目中研究开发全气候电池，在零下 20℃时，车辆自加热 12. 5s 可达到零上 5℃以上。在零下 40℃，不到 1 分钟温度可以提到 0℃以上，这样的电池性能和安全性都是最棒的。

今年，我们在海拉尔试验场的低温环境下进行了原理样车的测试，在零下 40℃的情况下，车辆冷冻三天（72h）以后，在 5min 之内能够顺利起动。在此之前，任何一辆电动车在零下 40℃的环境下冷冻 72h 且没有外界介入的情况下是起动不起来的，我们希望我们研发的原理样车在冬奥会能得到全面的应用。我们在北京奥运会、上海世博会、广州亚运会以及十城千辆等公共领域进行了新能源汽车的大量推广，以全面发展新能源汽车。从我国新能源汽车的分布图可以看出，目前黄河以南华北大部分区域已经在应用新能源汽车，下一步我们希望通过 2022 年北京冬奥会彻底解决东北、西北和高寒地区的推广问题，让我国的新能源汽车推广和应用不再有禁区。

下面要谈一下充换电设施技术。电能补充技术路线、能源互联网的智能储能节点，将会有四种模式并存发展。首先是家用慢充 3 ~ 5 小时；第二是自动更换，解决轿车或者是商用车（包括公交车、载货汽车在内）的电池能量补充和更换问题；第三是快充或者储能快充，能够在 5 ~ 10min 内解决部分问题，但是快充必须首先解决好对电网的冲击问题，储能快充还有 10% 左右的能量消耗。最后一个是无线充电，高安全性、无接触，可在行驶过程中充电。这些技术也将在冬奥会上得到全面的应用。

我总结了一下充电和换电的一些优缺点，因为时间关系就不做详细的解释。目前，国内的大城市大概 60% ~70% 的家庭用户是没有固定车位的，所以慢充充电桩的推广存在一定困难和盲区。

我们在谈的一个问题是续驶里程是不是越长越好。续驶里程在一定条件下当然是越长越好，同时是不是电池装得越多越好，我个人认为并不尽然。电池的重量占整车的重量应该是在 15% ~20%。电池装载太多也是特斯拉 Model S 在新加坡不仅没有领到补贴还受到惩罚的原因之一。此前，特斯拉发布了一个载重 50t 的电动载货车，充电 30min 可行驶 600km。我做了一下简单的换算，该车行驶 600km 需要 1200 度电，如果要在 30min 充满，需要的电力充电器的功率为 2. 4MW，充电的电压达到 1000V 就会对电网的增容成本带来巨大的挑战和冲击。现在换电技术取得了突飞猛进的发展，换电站装备化和可移动化已经实现，小型化与轻量化、精准定位、自动桥接、组合快速更换等技术都已经得到了突破。比如说 2008 年奥运会，我们建设的换电站占地 5000m^2，可服务 120 辆车。现在我们开发的撬装式换电站同样可服务 120 辆公交车，但它的占地面积只有 300m^2，在大城市也是很容易找到这样的地方的，轿车换电站需要的地方就更小了，不到 120m^2。

最后，总结一下我对下一步行业发展瓶颈与短板的思考。芯片是命脉，包含信息处理芯片以及功率芯片，此外，还有高效高功率密度电动轮毂、燃料电池系统、全固态电池及高端材料、新能源汽车操作系统。下一步要推进自主操作系统的开发与发展，否则在进行电动化、智能化以后，不仅仅是电池安全，新能源汽车系统的安全将会面对严峻的挑战。我们要在瓶颈和短板技术方面发力进行研究和开发，使我国新能源汽车得到可持续发展。

嘉宾简介

孙逢春

中国工程院院士，电动车辆国家工程实验室主任，北京理工大学教授，“长江学者”特聘教授。中国汽车工程学会副理事长。长期致力于节能与新能源车辆系统研究、关键技术开发、产业化与推广应用，先后获国家技术发明二等奖2项、国家科技进步二等奖1项、获得发明专利授权近60项、发表论文200余篇，学术他引6000余次。曾获“全国劳动模范”“全国优秀教师”“科技奥运先进个人”等荣誉称号。

进入智能汽车上半场

何小鹏

小鹏汽车董事长兼 CEO

作为新造车势力的代表，我跟大家分享一下小鹏汽车对于未来的新能源汽车和未来的智能汽车的一些思考，以及在思考和感悟下我们在做什么事情，我们在计划做什么事情。

这是我第一次来到泰达汽车论坛，感悟还是很深的。泰达汽车论坛在汽车行业积淀很多年，专业性很强，此次会议有四个词让我有很强的感悟。第一个是变革，现在整个市场处在变革的前夜。第二个是新能源，刚刚也讲了很多与新能源相关的话题。第三个是智能汽车。第四个词在我来之前完全没有想到，就是焦虑。很多朋友，包括来自整车厂、供应链的领导，他们都跟我说他们在焦虑。然后我就问，为什么你们会焦虑？我觉得我们新造车势力才应该焦虑。我觉得真正的焦虑缘于应对开放的焦虑，应对政策变化的焦虑，应对未来新能源汽车挑战的焦虑，不管是已经做得非常棒的整车厂和供应商，还是我们这样的新进入中国智能汽车市场的公司，现在都处在一个困惑、焦虑的过程中。

首先快速和大家分享一下小鹏汽车的现状。小鹏汽车 2014 年在广州成立，是一家集硬件、软件和运营一体化的科技制造公司。小鹏汽车在最近完成了 40 亿元的 B + 轮融资，创立以来累计融资近 100 亿元，大部分融资是在过去的一年中拿到的。造汽车是一件需要非常高投入的事情，我们的股东有阿里巴巴、富士康等，既有来自纯财务投资的投资者，也有来自于战略投资的投资者。大家要注意，我们的融资实际上来自于政府资金是比较少的，因为我们更想用一种新的角度去拿到钱，或用一种新的角度来说服投资者，我觉得小鹏汽车在这一点上与很多新造车势力不同。很多人问我们的时候，他会问你们的优势在哪里，你们的壁垒在哪？我都会说，一家新公司怎么会有壁垒，不可能。优势也许是我们足够小，所以跑得足够快。

这里我想说一下，小鹏汽车想做成一家不一样的硬件软件运营公司，主要有几点：第一，我们想打造一个完全不一样基因的公司，也就是说，这家公司里面绝大部分人应该来自于汽车行业，有小部分人来自于互联网行业，有另外的一部分人来自于金融或者其他的科技行业。我们觉得不一样想法的人组合在一起，依托汽车在进行创新，在汽车能进行变化的基础上，才有可能做出一家不一样的公司。第二，小鹏汽车在基因不同的情况下，一定重研发。在我第一次创业的过程中，基本上公司75%的人是研发人员，但在汽车整车厂想做到这个比例真的非常困难。小鹏汽车现在有接近2500人，目前我们还可以把研发人员占比做到接近70%，但是在明年、后年，当我们做到了6000人、1万多人的时候，肯定就会有很多的销售、制造体系的人才进来，研发人员比例会下降。我一直都认为如果在软件、智能化、自动驾驶上不是全生态靠自己去设计、考虑研发体系，是没有办法做到运营个性化、本土化的。第三，小鹏汽车从一开始就知道新能源汽车不是一个新公司能够做大的，更别说做强。新能源汽车现在的竞争，我认为还是来自于大型的整车厂。作为一家新的造车势力，我们一直认为要把智能汽车做好，而智能汽车是基于新能源汽车的。对于愿意开智能汽车和买智能汽车的消费者，如果不把品质做好，不把安全性能做好，他们根本不会接受。我们也要想把价格降下去，怎么盈利，有哪些商业模式，可以获得多少比例补贴，我们都在思考。另外，我们要去做一个高颜值的车，小鹏汽车想把智能的电动汽车做成大众化，这是我们一直的思路。

谈到智能汽车，首先还是要谈谈汽车。如果小鹏汽车已经交付了10万辆或者更多，我们可能会把更多的注意力放在智能上面。从我的角度来看，汽车是一个非常复杂的技术、人才跟资金的组合。汽车所有的设计、供应链、品质、制造、销售、售后的流程，基本上我们都要完全地学习，很难做大量的创新，但可以在里面做微创新。在过去的时间里，我们多做少说基本上完全在学习。

现在我们做了一些微创新的地方，第一个就是以汽车人为核心。我在做互联网一直有这样一个感知，互联网的人做硬件，基本上一百个冲进去，可能只有1个活着，99个都死掉，而汽车是硬件里面最难的，所以一定要让汽车人去学互联网，去学人工智能（AI），如果他们花5～15年的时间学会了，那么就能展现一个完全不一样的小鹏汽车。今年是小鹏汽车的第四年，我们的团队中有非常多的中青年是来自于整车厂的科长、部长级别的人员，他们在和我们一起做汽车，可以说有很多汽车人在指导我们，在里面，我一直都想说的是我们新造车势力要先学习再创新。

第二个就是快和慢。很多人都在关注，你们什么时候交车，你们能交多少辆车，你们怎么把品质做好？我去看了特斯拉以及很多整车厂的第一款汽油车或者第一款电动车，我们发现他们的第一款车在品质上都出现了很多问题。去年，我们在中国新造车势力里面最早拿到公告，我们也可以把车从产线推入市场，但是我们一直都只交付给内部的员工，因为我们看到了非常多的问题。现在，我们的车每一月大概行驶50万km，出现了电的问题、软件的问题、NVH㊀的问题、各种各样的一致性的问题。我认为，不管是非常有实力的整车厂，还是一家新的公司，造一台新的智能汽车或者电动汽车，都需要经历这个过程，所以我们花了一年多的时间去做改进。

从去年3月到今年年底，我们期望能够推出一款不一样的G3，计划在今年12月交付。第一点是去年这款车NEDC工况㊁续驶里程不到300km，现在

㊀ NVH指噪声、振动和声振粗糙度。

㊁ NEDC指新标欧洲循环测试。

已经超过350km。第二点是关于L2.5级的自动驾驶技术，我们做了非常多的研发工作，这一款车现在基本上有1000人在做研发。第三，我们在生产制造上走了一条特别之路，是国内第一家新造车势力自己建工厂又会合作的公司。我们跟郑州海马合作，以它为基础，我们也参与了很多生产建设以及后续管理。同时，我们正在广东肇庆建一个新的工厂。第四，我们在探索一些销售、超充的新模式。我们已经开了3家2S店，以前很多人都跟我说4S店要变化，我们现在的逻辑是要将偏僻地方的4S店分拆成两个2S店，将销售、数据的收集与服务体系可以做成一些比较小型的2S店。在未来的15个月里，我们可能会探索建设近百家这样的店。我们会在不同的城市探索不一样的2S销售体系，用不一样的数据方法去提高销售。此外，小鹏汽车也会跟阿里巴巴一起探索新零售的模式。很多人、很多数据都告诉我们在网上卖车是不靠谱的，我们也发现销售转化率极低。极低的原因是什么？数据在哪里产生了断裂？为什么用户不从有兴趣变成真正的销售购买？现在我们正在探索，明年或者后年，我们会将这些探索再分享给大家一些。另外，我一直都认为中国的家用充电非常困难，特斯拉最开始进入中国的时候，90%的用户可以安装家用充电桩，据我了解，现在已经不到70%。随着特斯拉用户群的扩大，有很多城市的用户都装不了固定充电桩，我认为新的厂商一定要考虑超充。我们的目标是建设超充站1000个，合作建设充电桩10万个。

小鹏汽车在整车制造上基本是以学习为主，没有做太多创新。过去一百多年沉淀下来的汽车知识非常重要，我们根本没有能力去颠覆。前天，我跟一群朋友聊天，他们都来自于科技行业，他们跟我说了很多，让我很感慨。他们能看到中国汽车行业的奇怪现象，然后提了无数建议，觉得可以创新。我感觉有点像两三年前的我，你看到市场的问题，你提出一些建议，觉得可以改变它，可以创新它，但是那是因为你不懂这个市场，你提的这些建议实际上在这个市场是无法落地的。我觉得小鹏汽车的市场落地是学习之后再去微创，而不要一开始就想创新。第二，小鹏汽车不做概念车。概念车浪费钱，浪费精力，我们所有做的车都是要做得到的、做得好的车。另外，一个不开电动汽车的员工真的很难做出好的电动汽车。我跟大家分享一些数据，去年我跟200名做汽车研发的人开了一个会，这200人中也就有两个人是开电动汽车的。今年年初在极客公园北京大会上，我做的调查是2000多人中只有不到1%开电动车。实际上，现在只是非常少的人在开电动汽车、智能汽车，这样是很难做出好的电动汽车的。我想跟大家说的是，我真的是期待所有的人，如果真的是看好新能源汽车，看好智能汽车，一定要尝试去买一辆智能汽车，去体验一下。我开了四年的特斯拉汽车，有几点感触：第一是加速度，我相信所有人都知道；第二是音乐，我以前很喜欢保时捷、雷克萨斯，但是在这些车上我基本上不听音乐，开了电动汽车之后我才考虑在车上听音乐；第三是在高速公路上使用辅助驾驶功能非常方便。但是，特斯拉汽车有一点没做好，就是针对中国用户的系统升级没做好，针对中国用户的运营没做好。

在智能汽车开发中，我是从用户的维度来看待问题的。作为一名消费者，我认为智能汽车分为车内智能、车身智能和车外智能。车内智能，首先是指有一个智能系统，没有智能系统就没有大脑，要有智能系统就要有网络；其次是要有新的交互方法，语音交互是其中的一种方法，小鹏汽车正在探索更多新的交互方法；最后，一定要去思考构建汽车的App Store，未来的车内智能一定会有非常多的变化。

关于车身智能，即自动驾驶，从我的角度来看，与很多的技术人员不一样的是，我把使用率在5%以下的场景叫作第二级自动驾驶，也就是说开一百次车，只有五次用了自动驾驶功能的叫第二级，如果用到了15次，我认为叫第三级，用到了85次或以上，我认为叫第四级或者第五级。这是完全从用户的角度而不是从技术的角度来看的。如果我走到了车门那，车自动开了空调，开了车门，而我不用按钥匙，这是不是非常智能？我觉得这些都是懂我的硬件。

关于车外智能，有很多的朋友都在探讨怎么构建更聪明的城市、更聪明的路、更聪明的车。我觉得很重要的一点是，让用户看到车外智能对他而言是有价值的，比如说无线充电是不是对用户有价值？这是我们的一些思考。

从产品的维度去看，智能汽车最开始产生数据的到底是驾驶者，还是乘坐者？我觉得现在肯定是以驾驶者为主，但是未来一定是以乘坐者为主，什么时候开始过渡，比例是什么样的，这是一个非常有趣的话题。这个话题，我期望在两年后能够用非常多的数据跟大家分享，这也是我认为的智能汽车的上半场，品质制造是基础，生态运营是核心。如果想把运营做好，一定要知道用户是谁，行为在哪，场景在哪。

在未来的智能汽车生态中，如果我们的品质好了、制造好了之后，最重要的一定是运营体系。我们把运营体系可以分成很多种，运营跟营销是不一样的，比如说对一个用户怎么运营，为什么用户会升级？为什么用户会使用它？如何让用户使用得更好？我们要把它作为一个产品进行运营，为什么这些车上可以有不同的、相同的硬件体系供软件升级？为什么由不同的、相同的软件模式来进行管理？它是否安全，是否可以扩展我们的价值体验？这些都是我们对智能汽车的想象。在这个想象里面，我认为一定要有一个新的具有不同基因的组织来思考、建设、制造和运营，这才能够真正把数据用起来，如果没有运营，数据只是存储不能使用。

智能汽车的上半场，我觉得刚刚开始，也许这一上半场还需要五到十年的时间。随着新能源汽车的发展、无人驾驶技术的发展和智能网联技术的发展，我特别想呼吁一下，我们要带头去体会什么是智能汽车，什么是电动汽车，这样才能够更好地扶持这个产业的发展。对于新能源汽车和智能汽车产业，未来肯定会有新的政策变化，但是我最希望看到的是用户能感觉到智能汽车跟以前的车不一样。如果和企业宣传的不一样，用户觉得智能汽车用起来与传统汽车是一样的，那是无法真正让用户形成口碑的。在这一上半场，我们想做得更好，这一定是我们这一群人一起去做的事情。未来不是靠想象来的，而是靠我们所有人一起去行动做出来的。我非常期待小鹏汽车能够在一年后、三年后给大家带来更多、更不一样的产品和数据。我能够告诉大家的是，我们是这样做的，而且我们能把它做到。

嘉宾简介

何小鹏

小鹏汽车董事长兼首席执行官（CEO）。

2014 年，何小鹏联合 YY 创始人李学凌、前腾讯高级副总裁吴宵光、经纬中国合伙人张颖等投资人共同投资小鹏汽车。

2017 年 8 月 29 日，正式加入小鹏汽车，出任小鹏汽车董事长。

2004 年，何小鹏与梁捷共同创办 UC 优视公司，公司快速成长为全球领先的移动互联网开放服务平台供应商，核心产品 UC 浏览器成为全球使用量最大的第三方移动浏览器。2014 年 6 月，UC 优视整体并入阿里巴巴集团，并组建阿里移动事业群，何小鹏曾任阿里巴巴移动事业群总裁、阿里游戏董事长、土豆视频总裁。

跨界融合新机遇 产业发展新变革

陈维
中国移动研究院首席科学家

我从事运营商的工作，今天下午听了新能源汽车行业各位专家的讲话，觉得特别受启发。我今天就中国移动在 C-V2X 方面的一些工作给大家做一个简要的汇报。从运营商维度来说，我国移动的 4G 基站数已经超过 187 万个，差不多覆盖中国所有有人的地方。4G 的用户数增长很快，大概已经有 7 亿人了。现在在做 5G 的规划，运营商在每一代移动通信网络投资都是相当巨大的，生命周期也较长，这些和汽车行业有相似之处，就像我们现在 2G、3G、4G 都有。

我们在做 5G 规划中一直都在想一个问题：到底有哪些用户的痛点或者行业的痛点需要用 5G 技术来解决？3GPP 标准化组织主要提了三个方面，第一个是有海量连接数的物联网应用场景；第二个是增加移动宽带通信，也有人称为用无线取代光纤接入，这些用现在的 4G 技术还不能完全解决的；第三个就是我们今天讲与智能汽车相关的，就是低时延、高可靠、大带宽的通信，今天我就这方面做一个简单的汇报。

我们觉得 5G-V2X 或者基于蜂窝的 C-V2X 可以支撑自动驾驶汽车的一些方面。比方说，如果道路的使用者（包括车辆、行人、非机动车）与道路设施之间都能够进行信息交互，这种信息交互就是道路使用者传递出我要转弯了、我要换道、我要刹车等信息，车辆、行人和路侧的交通信号（红绿灯）或智能路牌信息之间如果能进行动态协作，那么这种信息的交互可以帮助智能汽车在行驶方面做到更加精准协作，对我们现在讲的协作式的智能交通系统会有帮助。另外，我们觉得如果路侧的设备能够给车辆或者行人提供现有的静态的高精度地图的一些补充，比方说动态的路况、路面信息，这些补充信息能够对自动驾驶的感知、预测、驾驶决策有帮助。我们觉得应该用基于蜂窝网的 C-V2X 把车车、车路、车人动态地连通起来，协作起来。

要用蜂窝网来做 V2X，对网络性能会提出很高的要求，必须具备低时延、高可靠、大带宽，而且是在高速移动的场景里，我们现在的通信网络尚不能完全满足这些性能要求。V2X 对网络功能方面也提出了很高的新要求，因为智能交通系统中的 V2V/V2I/V2P 之间的通信实际上是动态的，不仅是点对点、点到多点、小区广播或组播，还是不断地在进行动态调整的，这些和我们现在手机通信、短信，或者上网都是不一样的，所以要对现有网络做一个提升。

我们对现有通信网络的升级，是把现有的通信网络升级成一个“通信 + 计算”的网络。在这个体系架构设计里，我们引入了多级实时计算系统，从而使我们能够在一些路口或热点贴近这些路口或热点的路侧设备或基站上面布置一些 V2X 的计算节点，能够对来自车、行人或者路侧摄像头采集的数据进行分析，将这些分析的结果推送给自动驾驶的车辆，从而使自动驾驶的车辆增加对这些路口或热点的路况、路面信息的了解。换句话说，可以使自动驾驶车辆对路口或热点区域的 landscape 有一个升级。我们也可以推广到区域，比方说一些路段、一些城区也可以部署区域 V2X 计算平台。

在这个体系架构设计里面，另一种通信方式是无线通信。我们现在的网络端和端之间的通信都是通过网络来转发信息，我们会进一步优化无线接入的能力。另外，我们会引入 PC5 直连通信，这样的话就可以实现车和车、车和路侧设备等直连通信。

从业务场景和网络升级来看，我们一开始会聚焦在 V2I 场景，比方说基于路侧设备的信息推送，例如交通灯信息提示、十字路口速度建议，还有交通路口防碰撞等一些 V2V 场景。C-V2X 的部署可以在交通基础设施信息开放条件好、汽车保有量大的一、二线城市的热点城区道路和高速公路先开展，然后，V2I 场景可提供一些热点地区的区域高精度地图实时下载等，逐步分阶段地扩大覆盖区域。另外，要实现车—路—人一体化协作，一定要推动 C-V2X 模组终端普及到路侧、车载、手持终端等，这样才能真正意义上实现协作式的智能交通系统（ITS）。

有关 V2X 多级实时计算系统，我们在研究和开发的区域 V2X 计算平台已经开始工作了，可以做到交通灯信息提示、十字路口速度建议等 V2I 驾驶辅助。

我这里讲一个例子，我们正在无锡做一个城市级规模的 C-V2X 试验，覆盖了无锡的老城区和太湖新城，对 240 多个路口的信号机已进行了升级，现在能够支撑 C-V2X 的通信功能。从场景来看，可以支撑主要的 V2I 场景，比方说红绿灯信息的推送、红绿灯车速引导、前方拥堵的提醒、道路事件提醒、限速预警、潮汐/可变车道提醒、救护车优先通行提醒等。在 V2N 场景方面可支撑三个场景，即车辆动态信息的上报、交通违章信息抓拍上报、警用移动天眼。在 V2V 场景方面主要做了三种：十字路口防碰撞，前方车辆紧急制动的预警，以及车辆变道预警。这样一个城市级规模 C-V2X 示范应用，是需要多个跨产业的单位一起来做的，有六个核心单位，包括中国移动、公安部交科所、华为、无锡交警支队、中国信通院、天安智联，还有二十家联合参与单位，包括车企、设备商等，总共有 26 家单位联合在做这个城市级规模的 C-V2X 示范应用。

作为一个运营商，我们现在在 C-V2X 产业推进方面主要做两个事情，第一是产业协同，主要是在国际和国内的标准化组织里，推动通信行业对下一代车联网的协同；第二是推进政企合作，积极推动与公安交通部门、车企、设备商之间的合作。通过这几年的工作，中国移动已初步形成了端到端 C-V2X 产业协作，为下一代车联网技术试验与应用推广奠定了基础。我们期望产业各方联合起来共同推动 C-V2X 的发展，中国移动将继续通过产业组织和联合创新平台等形式和产业各方加强合作，诚邀产业各方积极加入合作，共同推进下一代车联网的发展和成熟。

嘉宾简介

陈维

博士，现任中国移动研究院首席科学家，主持中国移动物联网领域的创新研发工作。曾担任香港应用科技研究院VPGD，美国贝尔通信研究院（Bellcore / Telcordia）Chief Scientist and Director。曾担任多个美国政府资助先进信息网络研究项目的负责人，并带领团队与丰田汽车合作开展车联网技术研究。

智能汽车时代的 AI 赋能

刘俊峰
科大讯飞股份有限公司副总裁

我到科大讯飞已经 16 年了，这也是科大讯飞在汽车语音领域发展的 16 年，在这里向大家汇报一下我们的一些想法，以及我们对于未来的一些建议。

科大讯飞成立于 1999 年，当前已经是亚太地区最大的智能语音上市企业，现有 13000 人。现主要业务分为 AI + 教育、城市、政法、消费者、汽车、服务、医疗七大领域，从后台的技术、架构到战略协同都已经形成了非常紧密的协同发展关系。

2010 年，我们发布全球第一个以云架构为技术传导方式的讯飞语音云，迄今为止上线的应用已经有将近 60 万个，每一天线上线下的总交互次数将近 50 亿次。正是这样的一些积累和数据迭代，才能够真正形成智能语音，以及到现在我们真正可以构建起来为汽车行业提供的智能语音交互解决方案。

现在到了汽车智能化升级的一个关键时间点，智能网联已经成为一个品牌的要素之一。智能网联的特色应该可以成为一个主机厂面向用户和面向行业的深度基因之一。

我们是做人机交互的，所以在这里重点介绍人机交互。首先从交互上来说，人们在车内的两三个小时的使用过程中，可能都是通过一些交互的中介物来实现的，包括手机、屏幕、语音，甚至还有手势、脑电波这样一些新技术的融入，这是构建智能化和网联化中对于用户层表现体验最关键的一点。

真正好的语音交互应该有如下四个特征：第一，应该是简单的，言简意赅；第二，应该是智能的，在这个过程之中，你不说它也知道你想要什么；第三，应该是安全的，可快速响应，解放双手；第四，应该是人性化的，针对女性、孩子等不同的对象可以有不同的特色表现，根据每个人的交互喜好，做到千人千面。

面向未来，在产业布局上我们是这么理解的：车辆智能交互系统，一方面要理解人，另外一方面要理解环境。要先解决基础的问题，就是联网之后让用户在车里面做点什么，所以才有了我们在飞鱼 2.0 上涉及的互联网服务，对外的场景连接，在车内的智能交互，以及听觉和视觉融合上面的一些突破。我们在后期走的是理解人的那条路，就是要做成在任何车上都有一个可以懂你、能够跟你亲密交互的虚拟助理。慢慢地，它可以更懂车，更懂环境，结合自动驾驶的一些特征，可以真正构建智能汽车的未来。

我们为了构建更智能的车内交互体验，在语音这一点上其实做了非常高的投入。首先，车内的麦克风以后就不是两个了，有可能是四个、八个，甚至更多，为的是在车上有更多的人可以加入交互的过程。这样的设置，其实都是因为车上有了一个非常细的、能够去理解环境之中每个人差异化需求的小耳朵。另外一点是我们在车上要做多音区的音效和识别的解决方案，让车上每个人听的和每个人交互所得到的内容，是差异化的。

真正让车实现交互层面的感知，从能听会说到未来可以察言观色，下一步还有视觉方面的交互技术，在此就不多讲了。

AIUI + iflyOS 双引擎架构——本地服务 AIUI 纵深结合，这里面有两个问题必须要认真思考，第一就是现有的供应链问题，现有供应链模式是否能够解决软件供应商和服务供应商引入，而且要采取长期合作、协同创新的这种模式；第二，原来是开发产品一步到位，未来是迭代更新不断完善，这样的变化和节奏能不能接受。科大讯飞 AIUI + iflyOS 双引擎架构，则可实现本地服务更加完善，云端能力更灵活的扩展。

AIUI 是为了解决交互体验的问题，它可以跟车的交互、跟人的前端交互实现更深入的融合。iflyOS 解决的是资源和连接的问题，是面向智能终端、智能硬件的一套云端交互系统。如果手表、音箱等智能设备中有一些好的技能，车上马上就可以用到。

还有面向智能汽车的车联网平台系统。第一代的车联网是记录，第二代车联网是娱乐信息化的车联网，在这个时候，大家其实更倾向于去选择好听的音乐、好用的地图和更丰富的服务。第三代车联网，我相信以上两点都需要，但是更重要的是跟车的融合、跟 V2X 的融合，以及跟汽车服务的深度融合。我们希望能够通过构建这样一个平台，这样一个服务系统，真正覆盖汽车用户在车上的场景。

科大讯飞有几个具备特色的服务内容。第一个就是利用科大讯飞在语音识别和理解上的技术积累来拆解五本书，这五本书分别是用户使用手册、销售指南、维修手册、零部件、其他，这是为了让机器真正能够结合一个车厂品牌，一个车型平台以及一款车，做到深度理解与该车相关整个知识体系，让车上的那台设备交互端口比车主更懂车，而且可随问随答，它构建起来的是一个从车上到线下，从车上到汽车服务的交互入口。第二个就是打破车和家的边界，真正构建起一个从车到家，从车到其他智能硬件的连接。第三个是可以让养护更贴心，用主动交互的方式来提醒用户该养护了，而且能推送附近优惠的地方，这都是能让信息更透明。

嘉宾简介

刘俊峰

现任科大讯飞有限公司副总裁、智能汽车事业部总经理。拥有 15 年人工智能从业资深经验，中国最早一批致力于人工智能在汽车领域应用研究专家，科大讯飞智能汽车业务创立者，先后担任国家智能汽车和智能电视项目副组长。其主导的汽车智能语音交互系统在多项国际比赛保持第一，持续拓展人工智能在汽车中应用，覆盖用户数近 1000 万，为人工智能在汽车领域的商业生态体系贡献了积极力量。

开放平台加速智能驾驶应用落地

尚国斌
百度智能驾驶事业群综合管理部和合作发展部总经理

百度推出了一个智能驾驶平台，即面向全球开放的阿波罗（Apollo）平台。开放平台的原因在于 Apollo 平台不是为了仅仅在实验室里做研发，也不是百度内部封闭地去做一些事情。去年三、四月份之前，百度内部就智能驾驶进行了讨论，是否应该自己去造车，自己去做运营，是否像 iPhone 一样，打造一个封闭的闭环来把控智能化的体验。经过探索，我们的选择是不造车、不做运营，而是要开放。

为什么开放？我觉得有几点。智能驾驶是一个非常复杂的技术体系，在全球最火热的 AI 领域中，应该说智能驾驶是所有 AI 能力的集大成者，但它又面临很大的复杂性。自动驾驶需要高精地图和高精定位来告诉车处于什么位置，但是这个地图是要花很多成本的。传统导航地图的成本一年也需要数十亿元，更何况高精地图。任何一家公司是无法独立完成这样的一个工作的。感知、决策等算法让车看到周边的环境，知道它处于什么状态，应该做出什么样的决策，这些所需要的 AI 能力也是非常复杂的。市场上很难有一家公司擅长所有领域。还有虚拟仿真技术也很重要。要把一辆车推上市，可能需要一百辆车进行多年的测试，才能真正验证这辆车的安全性。但如果通过仿真，就可以每天获得 100 万 km，甚至 1000 万 km 的测试结果，但是这需要大量的计算能力，需要海量的数据，获取数据的成本也非常高昂。这么复杂的技术和高昂的成本要求，无论是对哪一家车企，还是对哪一个创业公司来说，都是巨大的挑战。同样，技术和成本要求也体现在硬件层面。

其次，通过过去的探索，我们发现把自动驾驶的技术做好，真的只是第一步，而且是最基础的一步。还有很多工作我们还没有做，尤其安全方面的工作。我们在过去的一年中与汽车企业进行合作和联合研发，我们总结认为自动驾驶最核心的要素是安全，不仅是AI能力。现在我们推出的产品50%的代码都是跟安全相关的，在我们平时的研发工作的测试中，最提心吊胆的也是安全。自动驾驶汽车跟现在的汽车产品都不一样，它肯定是实时联网的，因此必须保证信息安全。怎么样更安全地测试，制订更安全的规范？产品上市以后怎么样做好信息安全？要考虑计算平台失效以后，怎么更好地保证功能安全？在研发过程中怎么保证流程的安全？车辆上市以后怎么保证运营的安全？所有的这些都跟安全相关。创业公司自己独立做研发的，很多可能还处于AI基础技术的搭建阶段，还没有去投入进行安全研发。我们认为智能驾驶未来价值的核心离不开安全。

基于上述原因，我们在去年4月决定开放平台。平台是整体开放架构，架构中间的层面，是开源的软件平台。百度把自己的开源软件以1.0、1.5、2.0、2.5、3.0渐进的方式向外开放，目前我们已经开发到3.0阶段，发布了五个版本，包括地图引擎、高精定位、感知规划控制，也包括一些人机交互的接口。所有的软件都是开放的，免费的。其实，在去年刚开放的时候，是没有人用这个软件的，大概有两三个月，大家都在观望，没有人用，更没有人为这个开源去贡献代码。但是经过一年的时间，我们主动对外开放，现在已经开放了大概25万行代码。很多开发者也开始为我们开放代码，现在我们的代码里有一定比例的代码不是我们的，而是开发者开放给我们的。目前，全球有一万个开发者在使用Apollo相关的代码做自己的研发。今年暑假的时候，我们在北大办了一个自动驾驶的公开课，大概来了一百多人，是非常火的课程。开发者都对课程非常感兴趣，有很多创业公司的人在现场学习。如果有一天不是只有百度自己在贡献代码，而是50%的代码都是由开发者贡献的话，它的迭代速度会非常快。开发者贡献这些代码是因为结合了自己的场景需求。有一万个开发者贡献代码，总比百度自己一千个工程师贡献的更多。

有很多人会问，在这个过程中怎么赚钱？云端服务平台需要的高精地图，需要仿真服务，需要数据，这些工作是需要非常高的成本投入。这些投入由百度 Apollo 去投入，这也是我们跟很多合作伙伴合作中的一个收入来源。另外，今年 7 月，我们还增加了一个内容，叫量产服务套件，我们结合了过去一年时间跟汽车企业进行的探索，总结了一些量产服务套件，即告诉大家怎么去做量产。今年戴姆勒在北京拿到了自动驾驶牌照，那就是基于 Apollo 开发的。

很多 OEM 厂商说开源不一定能满足自己的需求，要更体系化的解决方案，所以在过去一年的探索过程中，我们增加了一层，叫量产解决方案。今年对外开放的叫量产低速园区自动驾驶方案。有三个场景，第一个场景叫自动接驳小巴，让每个 OEM 都可以直接使用系统化解决方案，更安全、更可靠、更系统。同时，比如我们现在一些 L3 级别的自主泊车，在办公区这样一个封闭的环境，可能是最先实行自动驾驶的。用户是有需求的，如共享约车公司就有需求的。我们还发布了一个无人作业小车，是专门针对物流行业的。成本只有几万元的自动驾驶套件，就可以帮助物流行业实现最后一公里配送。量产解决方案可以帮助我们的合作伙伴更容易实现量产，今年大概会有几百辆车上市。现在可能六个月的时间就可以做出自己的车，来适应自己的应用场景和需求，而以前则需要两年。同时，我们也对外发布了小度车载 OS 的方案，其实就是帮助每一个车都可以快速实现更智能化的车内交互体验。平台最下面两层是我们不做的事情，即我们不造车，但是我们希望车厂在我们平台上把自己的车辆开放出来，让合作伙伴和很多的开发者可以用它，比如现在我们有比亚迪、福特、长城的车，都可以让开发者使用，让他们做自己的一些研发。我们也不做硬件，比如不做摄像头、激光雷达。现在有二十几家的合作伙伴都在使用 Apollo 平台研发自己的硬件，效率会更高。Apollo 就是一个开放平台，让每一辆车，每一个合作伙伴都可以很快地具备自己的自动驾驶能力。

说到智能驾驶的落地，当然离不开商业化了。自动驾驶的商业化，首先想到的就是出租车行业。我们认为短期之内在出租车行业采用自动驾驶有非常大的难度，长期一定是可以的，自动驾驶系统肯定可以替代出租车司机。在出租车服务中，出租车司机的人力成本占 40% ~50%，以后采用自动驾驶，出租车服务的成本一定会降低。主要有两点原因，第一点就是硬件成本每年都在降低。现在一辆无人驾驶车的成本可能是 200 万元，但这一成本每年都在降低，降低到一定程度以后，其实最核心的成本不再是硬件成本，而是安全员的成本。如果每一辆车上都需要有一名驾驶人或安全员的时候，任何时候自动驾驶都无法取代驾驶人，因为成本是无法持平的，所以将来驾驶人或安全员是一定要取消掉的。到了真正的 L4 级别，自动驾驶系统理论上能替代驾驶人，但这个时候一是取决于技术是不是足够成熟，足够安全，二是取决于政策是不是已经放开。这一商业模式，我们会去探索，但它不是马上商业化的一个方向。

商业化的方向是什么？我们认为需要基于 Apollo 进行技术上的逐渐迭代。快速迭代，持续创新，这也是我们开发的路径。比如 Apollo1.0，它非常简单，就是封闭场景下的一个循迹自动驾驶，就是 A 到 B 实现自动驾驶，有非常大的应用空间。Apollo1.5 是固定车道，选一块五公里的区域，用它实现自动驾驶。Apollo2.0 是实现简单城市道路，可能覆盖十几公里的范围。Apollo2.5，是限定区域视觉高速自动驾驶，用视觉方案实现高速，实现一定区域的自动驾驶。从 Apollo3.0 开始，我们不只是发布代码，也把方案对外开放，开始验证量产技术。明年我们会发布简单城市道路的量产解决方案，后年我们会发布高速公路的自动驾驶方案，2021 年我们会完全开放自动驾驶解决方案。自动驾驶的商业化，是持续迭代的，需要找自己的场景进行融合，不是说一步要实现 L4，所以我们没说无人驾驶，而是自动驾驶，智能驾驶。

过去一年我们看到了非常多的创新。青岛有一个开发者，他用 Apollo 做了一个无人驾驶的农业车，可以在家里管理这些车，让车去洒农药去摘苹果。这个车不仅在青岛，还已经在澳大利亚开始运营了。这是一个智能驾驶的农业车，只是使用了 Apollo1.5 的能力。长沙的一个开发者，他用 Apollo2.5 的方案实现了高速自动驾驶的能力，我上周去看了一下，可以以每小时 90 公里速度行驶并且可以弯道超车。这些都是开发者的创新，按过去的方式，这可能需要两三年的时间才能实现，现在只需要三个月时间。成都有个开发者用 Apollo 平台做出了智能轮椅，成本不是特别高。智能轮椅在社区和很多旅游区域，都有自己的应用场景。

我们认为 Apollo 能让自动驾驶落地，但不是一步到位的，而是迭代的。按照场景需求，每一个人都有自己的创新，都可以做出一个自己的方案。有个开发者说，限制 Apollo 发展的就是开发者自己的想象力和创新能力。我们已经看到智能驾驶不仅是在改变汽车，其实还在改变每一个行业，包括医疗健康行业、物流行业、出行行业、环保行业，智能驾驶已经开始跟每个行业去融合。

现在的城市是人车混行，交通非常拥堵，停车场占了很多空间。美国洛杉矶的调研显示停车每天浪费 30% 的出行时间。其实，智能驾驶未来也可以对这些带来改变。现在，Apollo 在雄安已经做了很多探索，比如我们会去讨论如何还路于民，如何人车分离，如何使用 V2X。在中国，智能驾驶有一点应该与国外有很大的不同，一定是智能的车加上聪明的路。我们的试验也表明 V2X 可以减少很多的技术问题，同时也需要政府在很多方面提供支持，这些支持其实在雄安已经在发生。现在，基于 Apollo 的接驳车、物流车、扫地车等很多车都已经在雄安做试点运营，大家可以去体验。在和很多城市的人员沟通中，我发现很多人都希望未来自己的城市有更多基于智能驾驶的路网规划，更多基于未来的设计，能真正帮助城市减少交通拥堵，节省用户的出行时间。

我最后还想分享一点，真正的智能驾驶不仅会改变我们的车，其实还会改变每一个行业，但一定是离不开城市，离不开政府，最终是要去改变城市的交通，让每一个城市变得更智能，让每个城市的出行更安全，更高效。

嘉宾简介

尚国斌

男，汉族。毕业于南开大学，先后任职埃森哲、百度。2012 年加入百度，曾担任公司集团战略管理工作，具备丰富的战略规划及管理经验。

现担任百度智能驾驶事业群综合管理部和合作发展部总经理，全面负责百度 Apollo 的战略发展、商务拓展、生态运营、政府关系等职能。

INTERNATIONAL FORUM (TEDA)
ON CHINESE AUTOMOTIVE
INDUSTRY DEVELOPMENT
2018 泰达汽车论坛集萃

8 动力蓄电池回收利用行业发展现状及前景预判

我国动力蓄电池回收利用政策发展分为三个阶段：第一阶段（2012—2016 年），NEV 整体政策部分条款阶段。2012 年国务院印发的《节能与新能源汽车产业发展规划（2012—2020 年）》中首次提出动力蓄电池回收利用相关内容，在此后一段时间，动力蓄电池回收利用只是作为推广应用 NEV 政策文件的部分条款出现。第二阶段（2016—2018 年），专题政策阶段。在 2016 年国家发改委等 5 部委联合印发《电动汽车动力蓄电池回收利用技术政策（2015 年版）》之后，国家相关部委开始相继出台专门的动力蓄电池回收利用的相关政策；第三阶段（2018 年后），全面试点阶段。随着《新能源汽车动力蓄电池回收利用管理暂行办法》《关于组织开展新能源汽车动力蓄电池回收利用试点工作的通知》《新能源汽车动力蓄电池回收利用溯源管理暂行规定》等文件的印发，后续我国各地方政府即将加快落实各自的动力蓄电池回收利用试点实施方案。

动力蓄电池回收利用行业发展现状及前景预判

黎宇科
中国汽车技术研究中心有限公司汽车产业政策研究室主任

我今天的演讲内容主要分为三部分：一是当前我国政策现状及趋势预判；二是当前行业的发展现状与布局；三是行业存在的问题和从我们的角度提出的一些意见和建议。

一、政策现状及趋势预判

1. 行业政策整体梳理

我国动力蓄电池回收利用政策发展分为三个阶段：第一阶段（2012—2016 年），新能源汽车整体政策部分条款阶段。2012 年国务院印发的《节能与新能源汽车产业发展规划（2012—2020 年）》中首次提出动力蓄电池回收利用相关内容，在此后一段时间，动力蓄电池回收利用只是作为推广应用 NEV 政策文件的部分条款出现。第二阶段（2016—2018 年），专题政策阶段。在 2016 年国家发改委等 5 部委联合印发《电动汽车动力蓄电池回收利用技术政策（2015 年版）》之后，国家相关部委相继出台专门的动力蓄电池回收利用的相关政策。第三阶段（2018 年后），全面试点阶段。随着《新能源汽车动力蓄电池回收利用管理暂行办法》《关于组织开展新能源汽车动力蓄电池回收利用试点工作的通知》《新能源汽车动力蓄电池回收利用溯源管理暂行规定》等文件的印发，后续我国各地方政府即将加快落实各自的动力蓄电池回收利用试点实施方案。

按照时间顺序，系统梳理各相关政策的名称、出台和正式实施时间，可以看到我国动力蓄电池回收利用标准体系正在逐步完善中，截至目前，已发布实施5项国家标准，4项待发布，3项立项中，7项处于前期研究中。

2. 重点政策深度解读

（1）《电动汽车动力蓄电池回收利用技术政策（2015年版）》

由中汽中心政研中心受国家发改委委托负责牵头起草完成，对动力蓄电池回收利用进行指导性管理，包括总则、动力电池的设计和生产、废旧动力电池回收、废旧动力电池利用、促进措施、监督管理和附则等七部分内容。该政策是我国首个专门关于动力蓄电池回收利用的相关政策，虽然是指导性政策，但是为后续相关政策和管理文件的出台奠定了坚实的基础。

（2）《新能源汽车废旧动力蓄电池综合利用行业规范条件》及公告管理

由中汽中心数据中心受工信部委托负责起草完成，明确综合利用企业准入要求，工信部将对符合《规范条件》的企业实行公告动态管理。综合利用企业包括梯级利用企业和再生利用企业。目前已公布第一批5家企业为：衢州华友钴新材料有限公司、赣州市豪鹏科技有限公司、荆门市格林美新材料有限公司、湖南邦普循环科技有限公司、广东光华科技股份有限公司。

（3）《生产者责任延伸制度推行方案》

该政策主要由国家发改委起草，由国务院办公厅发布。该方案明确率先对电器电子、汽车、铅酸蓄电池和包装物等4类产品实施生产者责任延伸制度。其中在汽车产品中，重点点出了应加快建立电动汽车动力电池回收利用体系，电动汽车及动力电池生产企业应负责建立废旧电池回收网络，率先在深圳等城市开展电动汽车动力电池回收利用体系建设，并在全国逐步推广。

（4）关于开通汽车动力蓄电池编码备案系统的通知

从事汽车动力蓄电池（含梯级利用）生产、在我国境内销售动力蓄电池产品的独立法人企业，可按照《汽车动力蓄电池编码规则》（GB/T34014—

2017）和该通知的要求，通过“汽车动力蓄电池编码备案系统”申请厂商代码，并备案编码中“规格代码”和“追溯信息代码”的编制规则。境外企业可授权或委托代理机构代为执行。

（5）《新能源汽车动力蓄电池回收利用管理暂行办法》

从政策概述、电池生产企业相关责任和要求、汽车生产企业相关责任和要求、新能源汽车及动力蓄电池所有人相关责任和要求、综合利用企业相关责任和要求、回收利用各环节技术要求和监督管理等不同的维度对管理暂行办法进行了深入具体的解读。

（6）《新能源汽车动力蓄电池回收利用试点实施方案》

该方案指出在京津冀、长三角、珠三角、中部区域等选择部分地区，开展新能源汽车动力蓄电池回收利用试点工作，以试点地区为中心，向周边区域辐射。支持中国铁塔公司等企业结合各地区试点工作，充分发挥企业自身优势，开展动力蓄电池梯次利用示范工程建设。各地方政府和企业的试点方案主要是围绕试点方案确定的四条主要内容开展：①构建回收利用体系；②探索多样化商业模式；③推动先进技术创新与应用；④建立完善政策激励机制。共18个地区和企业的试点已获工信部批准。

（7）《深圳市开展国家新能源汽车动力电池监管回收利用体系建设试点工作方案（2018—2020年）》

这是首个地方性的动力蓄电池回收利用试点方案，为落实国务院办公厅文件《生产者责任延伸制度推行方案》，该方案由国家发改委环资司发布。

（8）《新能源汽车动力蓄电池回收利用溯源管理暂行规定》

该规定对2018年8月1日前已获得《公告》的新能源汽车产品和取得强制性产品认证的进口新能源汽车，留了一年的过渡期，2019年8月1日起正式实施，如逾期仍需在维修等过程中使用未按国家标准编码动力蓄电池的，应提交说明。对动力蓄电池生产、销售、使用、报废、回收、利用等全过程进行信息采集，对各环节主体履行回收利用责任情况实施监测，新能源汽车国家监测与动力蓄电池回收利用溯源综合管理平台（www. evmam-tbrat. com）

已正式上线运行，并对电池生产企业、汽车生产企业、其他相关方（独立销售商、维修商、租赁商等）、报废汽车回收拆解企业、梯次利用企业、再生利用企业等开放。

3. 未来政策走向预判

一是各地方政府积极落实新能源汽车动力蓄电池回收利用试点工作；二是报废汽车回收拆解相关管理政策法规和标准的制修订工作有序开展；三是进一步加强动力蓄电池梯级利用管理。

二、行业发展现状与布局

1. 市场容量现状及预测

1）新能源汽车市场占有率快速提升，动力蓄电池呈爆发式增长。我国新能源汽车销量占汽车总销量的比例已由2012年的0.07%跃升至2.93%（2018年6月）。随新能源汽车销量的整体走势，动力蓄电池出货量也呈现大幅上升趋势，从2014年的3.72GW·h跃升至2017年的36.44GW·h。预计到2020年动力蓄电池出货量将达到116.2GW·h。

2）采用斯坦福估算模型，通过动力蓄电池的实际配套量和新能源乘用车和商用车不同的寿命期限和分布，对2009—2025年我国动力蓄电池退役量（容量）进行预测。我国从2011年开始实际有新能源汽车动力蓄电池开始退役，且从2018年（4.13GW·h）开始出现激增并逐步进入批量退役阶段，2011—2025年每年新能源商用车动力蓄电池的退役量均要高于乘用车动力蓄电池退役量，且是几倍的关系。到2020年，我国新能源汽车动力蓄电池退役量达到11.25GW·h/年的规模，2011—2020年的累计退役量为24.08GW·h；到2025年，我国新能源汽车动力蓄电池退役量达到46.78GW·h/年的规模，2011—2025年的累计退役量为179.15GW·h。

3）依据我国新能源汽车各车型的销量数据和各车型电池组的平均重量，可计算出2009—2020年每年的新能源汽车动力蓄电池配套量的重量数据，采用同样方法，对2009—2025年我国动力蓄电池退役量（重量）进行预测。到

2020 年，我国新能源汽车动力蓄电池报废量达到 14.09 万 t/年的规模，2011—2020 年的累计报废量为 29.29 万 t；到 2025 年，我国新能源汽车动力蓄电池报废量达到 42.09 万 t/年的规模，2011—2025 年累计报废量为 173.94 万 t。

2. 回收利用体系构建概况

我国回收利用体系主要包括“回收体系、梯级利用和再生利用”三个环节。将各主体产生的废旧动力蓄电池回收、收集、运输的体系统称为回收体系，此部分的回收体系已开始构建，但十分不完善；另外，将其他应用领域梯级利用后报废的动力蓄电池进行回收的体系，涉及梯级利用应用领域的已有回收体系，如何协调或者构建不清晰。

3. 回收体系建设进展

我国目前的政策要求汽车生产企业承担动力蓄电池回收体系建设的主体责任，其他主体承担相应责任，企业也已开始行动，但是回收体系不健全。汽车企业通常采用“企业自建”“委托再生利用企业回收”或两者结合的方式构建回收体系。另外，还有一些新进入的综合利用企业，其自身已在环保行业有一定的基础，拥有自己社会化的回收渠道，即在全国建设的废旧物资回收点和循环产业园回收电池。

4. 梯级利用现状与布局

包括动力蓄电池生产企业、汽车生产企业、第三方梯级利用企业、梯级利用用户企业以及资源化再生利用企业、高校、科研机构等在内的诸多产业链上下游各相关主体，均积极在动力蓄电池梯级利用领域开始相关的研究、示范工程建设和商业模式探索，推进我国动力蓄电池梯级利用产业由示范工程向商业化应用转变。

当前，我国动力蓄电池梯级利用主要是替换原有铅酸蓄电池及部分应用新锂离子电池的应用领域，已主要集中在通信基站备用电源、电力系统储能、低速电动车以及其他小型储能相关领域。

（1）通信基站备用电源

通信基站备用电源应用较多的是铅酸蓄电池，部分也用新的磷酸铁锂电池。国内在该领域积极开展相关研究的是中国铁塔公司，自 2015 年 10 月开始，该公司陆续在 12 个省市 3000 多个基站开展退役动力蓄电池替换现有铅酸蓄电池的试验，涵盖备电、削峰填谷、微电网等多种工况，取得了良好效果。之后持续积极推进通信基站领域的梯级利用，并决定从 2018 年起，原则上不再采购铅酸蓄电池，逐步通过梯级电池替代。

梯次电池相比铅酸蓄电池在循环寿命、能量密度、高温性能等方面具备一定优势，各项性能指标优于铅酸蓄电池。梯次电池在技术上完全满足各种工况备电需求，不同循环寿命梯次电池适用于不同应用场景。由于通信基站备用电源电池的标称电压固定为48V，还有通信领域对电池管理系统（BMS）的不同要求等，因此，目前车用退役动力电池采用拆解重组后应用的方式，也在探索动力蓄电池整包应用的相关方案。

（2）电力系统储能

按照储能装置接入电力系统位置的不同，电力系统储能应用可贯穿发电、输电、配电和用电各个环节，应用功能也不尽相同。当前我国在该领域开展的相关研究和示范工程涉及以上所有环节，多数是以技术研究和试验探索为主，规模化工程应用尚待解决。

电力系统储能领域的技术方案，仅从车用和储能两个行业的相关标准对比来看，电力储能领域的标准对电池的单体和模块要求比车用要多许多项，在系统层面，车用整包的技术要求要高于储能领域，因此，动力蓄电池整包（pack）应用于电力系统储能领域更好，且在经济性方面也是整包应用更好。

（3）低速电动车

这里所讲的低速电动车是一个宏观概念，既包括了以铅酸蓄电池为动力源的低速电动车，也包括了电动摩托车、电动三轮车、电动观光车和电动自行车等，低速电动车具有较大的市场份额。

截至 2017 年年底，全国四轮低速电动车保有量已经超过 200 万辆。低速电动车目前暂无相关的准入标准，目前应用以铅酸蓄电池为主；但是按照《四轮低速电动车技术条件（草案）》，低速电动车基本是按照电动乘用车的相关要求来设定的，确定了锂电化的基本方向。

电动三轮车目前保有量超过5000万辆，主要应用领域包括快递运送车辆等。目前，电动三轮车没有统一的相关标准，应用也是以铅酸蓄电池为主。技术重点是需要在标称电压、外形尺寸等方面进行调整。

电动自行车社会保有量已达2.5亿辆。2017年新增3113.1万辆，电动自行车主营业务收入为1010.3亿元，同比增长13.9%，实现利润总额48.0亿元，同比增长3.0%。技术点：一是《电动自行车安全技术规范》中关于蓄电池的要求，主要是蓄电池标称电压应当小于或等于48 V，最大输出电压应当小于或等于60 V；二是尺寸要做处理。

（4）其他小型储能领域

该领域包括小型分布式家庭储能、风光互补路灯、移动充电车、电动叉车等，应用以铅酸蓄电池为主，且相关准入标准不明确或者种类较多，但是从总体看，车用动力蓄电池在技术性能上能够满足这些领域的应用要求。

梯级利用经济性分析和发展方向按照全生命周期，通过调研行业相关数据，建立模型对动力蓄电池在某领域使用铅酸蓄电池和梯级利用电池的经济性进行对比分析，发现当前我国已开展的相关应用探索，在能够满足批量电池供应的条件下，相比铅酸蓄电池均能有较好的经济性；且退役车用动力蓄电池梯级利用到其他应用领域能够有较好经济性的核心因素是退役动力锂电池的技术性能优于铅酸蓄电池，尤其是寿命要长于铅酸蓄电池2~3倍，减少维修保养和延长生命周期，才能取得良好的经济效益。

梯级利用电池系统与新电池系统成本之差是梯级利用能否实现经济性的关键，近年来，随着新电池性能快速提升和成本快速下降无疑成为影响梯级利用市场发展的最大竞争因素。未来需要通过技术突破和商业模式创新两个路径来进一步推进梯级利用发展。

5. 再生利用现状与布局

目前，我国动力蓄电池资源化再生利用主要分为两类主体：一类是已实际开展动力电池处理的企业，包括邦普、格林美、豪鹏等，且大多数企业采用的是湿法回收工艺；另一类是正积极布局，打算进入再生利用行业的企业，有比亚迪、中航锂电、合肥国轩、北京赛德美、华友循环、湖南鸿捷等企业。

目前，国内外已产业化的回收处理技术主要有机械法、火法和湿法三种技术。其中，机械法只能实现各物质组分的简单分离，一般用于回收的预处理，配合火法和湿法回收技术实现动力蓄电池中有价金属的回收。我国大部分企业采取的是机械法＋湿法的工艺路线。

我国动力蓄电池主要以磷酸铁锂和三元材料为主。当前行业内共性的声音：磷酸铁锂电池所含金属价值较低，回收其中的材料难以实现盈利，大多再生利用企业不太愿意回收这类电池；三元锂电池中含有钴、镍等贵金属，可与消费类锂电池并处理，且有较高的产品丰富性。但是这两类电池回收利用的经济性究竟如何，行业没有共性的认识，需要更加深入的研究分析。

三、行业存在问题与建议

1．行业存在的问题

一是缺少动力蓄电池回收利用专项法律法规；二是废旧动力蓄电池回收体系暂未有效建立；三是废旧动力蓄电池回收利用的价值链暂未打通；四是政策标准体系等亟待进一步完善；五是对动力蓄电池回收利用技术和装备研发支持力度小；六是报废汽车回收拆解企业亟待技术升级；七对梯级利用行业缺少引导和规范。

2．相关建议

一是研究制定具有强制执行力的回收利用专项法律法规；二是抓紧落实生产者责任延伸制度；三是加强动力蓄电池回收利用管理；四是加快动力蓄电池回收利用标准体系建设；五是加大对废旧动力蓄电池回收利用技术和装备研发的支持；六是规范报废电动汽车回收管理；七是加快动力蓄电池回收利用市场化运作商业模式探索和试点。

嘉宾简介

黎宇科

2003 年毕业于北京理工大学，车辆工程和法学双学士。现任职中国汽车技术研究中心有限公司汽车产业政策研究室主任，高级工程师。长期从事汽车回收利用相关政策法规研究，曾主持和参与完成《汽车产品回收利用技术政策》《报废汽车回收拆解企业技术规范（GB 22128)》《电动汽车动力蓄电池回收利用技术政策（2015 年版)》等国家汽车回收利用产业方面的重要政策、标准的起草制定工作。曾获得汽车工业科技进步三等奖，国家环保部环境保护科技进步奖三等奖。2016 年获中国机械工业联合会颁发的“十二五”机械工业先进科技工作者称号。

曾参与完成“十一五”国家科技支撑计划项目《报废汽车绿色拆解处理与利用关键技术及示范应用》、《面向“4R”的汽车产品绿色设计技术和数据库》、“十二五”国家科技支撑计划项目《汽车绿色拆解与再利用关键技术与装备》、“十二五”国家“863”计划《电动汽车能源效益与动力电池回收系统研究》等多项国家级课题等。公开发表汽车回收利用领域论文十余篇。

INTERNATIONAL FORUM (TEDA)
ON CHINESE AUTOMOTIVE
INDUSTRY DEVELOPMENT
2018 泰达汽车论坛集萃

9

把脉市场新动向 稳步开启新征程

2017 年，中国汽车销量为 2887.89 万辆，同比增长 3.04%，中国汽车市场进入中低速增长的新常态。中国汽车消费理念日趋成熟，表现出明显的特点，如新车消费比例高、首次购车占据主流、刚性消费需求强劲等。随着国民经济持续稳定增长，居民收入不断提高，汽车消费群体日趋年轻化，汽车消费理念也呈现新的趋势。新能源乘用车市场面临着由政策驱动向市场驱动的转变，其未来发展趋势是行业关注的焦点。传统乘用车市场中，SUV 受到市场追捧，MPV 市场关注度逐渐提升，未来 SUV、MPV 与轿车等乘用车细分市场的发展方向值得关注。因此，如何准确厘清市场脉络，把握各细分市场动向，对于优化产品布局、改善产品性能、全方位提升综合竞争力具有积极意义。

新能源汽车行业2.0时代：以开放共享引领“高质量发展”

郑刚
北汽集团党委常委，北汽新能源党委书记、总经理

今天我以产业参与者的身份来介绍一下我们对未来新能源汽车行业的成长怎么看，以及我们怎么做。

北汽新能源公司是一个即将上市的国有控股混合所有制企业。作为国有企业，我们从来没有怀疑过中国政府在环境、能源、技术进步和产业转型诸多压力之下推动新能源汽车发展的决心和信心。

从产业界来看，全球新能源汽车发展的速度非常迅猛，我们认为已经度过了产业的幼稚期。我们可以看到，全球新能源汽车的销售情况在整个汽车市场的渗透率增长已经超过了1.49%，北京突破了1%。在中国，我们可以看到，新能源汽车的增长率也已经实现了年复合增长114%，因此我们认为中国在全球新能源汽车产业格局中已经成为重要的一支力量。中国新能源汽车产业的主要特点是纯电动汽车的整体应用技术水平与国际基本相当，关键技术有了很大的突破，续驶里程超过了500km。此外，我国电池发展在全球已经形成了新发优势，中国品牌在品牌排行榜中占据了优势地位。

产业发展通常历经幼稚期、成长期、成熟期和衰退期，到目前为止我们认为中国的新能源汽车开始进入了成长期，它的主要特点是品种快速增加，技术渐趋成熟，企业进入的壁垒开始提高，开始由政府的政策主导向市场主导转变。

具体来看，一是在2018年新能源汽车产品的品种快速增加，现售和在研的新能源车型超过了166个，业内通常把2018年看成是新能源汽车的2.0时代；二是技术逐渐成熟，在续驶里程、无人驾驶、全新平台开发、一体化动力总成、关键核心技术方面，企业进入的壁垒开始提高，2018年新进入的车企明显下降，开始由政策主导转向市场主导，双积分政策的推出是一个重要的标志。

可以看到过去单靠某一产品或某一个技术的单一优势已经无法在行业中实现突破，过硬的综合实力才能够让企业在剧烈的竞争中存活下来，而且汽车行业内的竞争也已经实现了生态圈的竞争、朋友圈的竞争和跨界的竞争。国内竞争也已经开始转向全球竞争，几乎所有的汽车企业在接下来的一两年之内都在中国全面布局产品。我们认为我国新能源汽车的发展正在以电动化为突破，开始用全新的造车理念打造全新的开发平台、全新的研发流程、全新的制造工艺、全新的销售和服务网络等，这标志着新能源汽车走上了与传统汽车产业一样的发展道路，总结起来就是已经从有没有开始走向好不好。

下面介绍一下我们是怎么做的。在九年前，北汽集团就在国内率先提出新能源化，成立了中国第一家独立运营的新能源汽车公司，并且九年前就开始提出“三个三”的发展战略，即三年打基础，三年上水平，三年上规模，以及在产品上的大中小、高中低的布局战略，到今年为止，我们完全按照九年前的战略在布局。

九年后的今天，北汽新能源成为行业的领先企业，这源于我们长期坚持创新驱动，围绕智慧出行，深耕电动、智能和网联化自主技术，同时我们还坚持服务驱动，围绕便捷出行打造全方位的解决方案。北汽新能源公司的资产规模已经翻了30倍，营业收入翻了38倍，人员也增长了7倍之多，而产品的销量也达到了之前的63倍。

目前，在全球纯电动汽车的销量排行榜中，北汽新能源公司进入了全球第一的位置。从技术来看，我们在过去的九年以持续的研发投入实现了多项技术的国内领先，研发人员的数量不断提高，过去五年我们的研发投入在销售收入中的平均占比达到了 20%，这一方面说明了新能源汽车确实是资本密集型的产业，同时也可看出北汽集团在这方面的决心与信心。与此同时，我们拥有的专利和标准数量，尤其是人均专利和标准数量在行业内遥遥领先，而且我们开始在全球布局五国七地研发。在今年初，硅谷研究机构发布的全球十大创新机构中，我们也有幸跻身前十，北汽的自动驾驶进入全球第二梯队。

市场方面，我们将优质的产品向不同的行业市场和细分市场推进，我们的一款精品小车进入了 A00 级的人工智能高端市场，两款国民纯电动车掀起了中国电动汽车的国民化风潮。EC 系列和 EX 系列两款产品上市之后也迅速成为各自单一市场和全球销量市场的冠军。在今年初，全国质量协会发布的一个混合所有车型的消费者投诉排行榜中，我们的电动国民车 EC 系列，投诉量仅为万分之零点三，与合资企业相比，我们的投诉量最低，这也体现了我们的纯电动汽车在技术与可靠性上与燃油车相比有着先天的优势。

与此同时，我们也即将发布三款搭载整车人工智能的纯电动汽车，既有 EU5 系列、A 级标准的纯电动汽车，也有我们的 EX5 和 EX3 两款纯电动 SUV。过去几年，我们在分时租赁、出租、网约，包括 A0、A00 级、SUV 这几个细分市场持续保持第一。此外，我们在生态圈和朋友圈上已经建立了一个强大的朋友圈，围绕着研发、供应链、市场链和相关的产业链已经建立了国内国外多个战略合作伙伴和价值链伙伴的业务群。

北汽新能源公司用了九年的时间从无到有，完成了产品升级、技术升级、服务升级和品牌升级这几个第一阶段的任务，开始正式向高质量发展的阶段迈进。我们的目标就是从现在开始再用十到十五年的时间，为中国新能源汽车行业打造一个世界级的新能源汽车科创中心和世界级的新能源汽车企业。

在产品升级上，我们正式发布了达尔文人工智能系统，全面进入了整车人工智能时代，帮助我们打造世界级的新能源智能汽车。

从已经上市和即将上市的EU和EX系列上可以看到，我们充分利用了现有25万用户的数据，实现了人工智能对自然语言识别率达98%，在十个手势识别、200T的大数据、人脸识别等关键核心技术上有了突破，同时智能网联的应用使得我们的整车具备了智能化的基础和水平。

在技术升级上，我们依托科技部和北京市在北汽集团和北汽新能源建设的国家新能源汽车技术创新中心来实现开放共享的技术合作，保持技术持续领先。在服务升级上，我们开始推行全新的出行生活方式，并且将纯电动汽车融入了智能交通和智能城市的发展历程。到今天为止，北京市已经建了110个换电站，换电车辆达到了5000辆以上，支持了前四家运营和出租的公司来进行换电模式的运营。应该说，换电运营的商业模式可以将智能电网、城市智能出行与智慧能源网充分结合，为企业和整个城市以及电网创造更大的商业价值。在品牌升级上，我们开始全力打造全集团最高端的自主汽车品牌，来引领整个集团自主品牌上升。

未来，北汽新能源也将实现双品牌战略，BJEV将成为绿色智慧出行的实践者，它的核心理念是打造长续驶里程、高品质、实用型的电动汽车，而即将推出的全新的ARCFOX这个品牌将成为先锋者，为年轻、时尚、运动的年轻人打造高端的电动汽车，第一款可以运营、可以销售的ARCFOX在今年的年底前将正式发布并投放市场。

总的来说，我们认为要想实现新能源汽车由大变强的产业发展之路，高质量发展是最重要的前提和保证。实现高质量发展的根本途径就是改革与创新，作为一个国有新能源汽车企业，我们更加看中体制机制的创新、自主创新以及产品创新。

在技术上，我们的重点是强化开放和共享，在国家新能源汽车技术创新中心，我们秉承共享共建、共用的理念，并计划将两款全新的电动汽车平台向社会开放，通过对外部提供服务来实现技术和创新的共享。

在制造资源上，我们愿意与全球的汽车玩家和客户实现共享，其中一个非常重要的业务就是我们携手全球领先的高性能汽车制造商麦格纳公司合资成立的高性能电动汽车制造基地，未来会向多品牌的客户开放。

我们已经建立了动力总成公司，这家公司凝聚了我们九年的核心技术，在保证自我发展的同时，我们也将为所有业内的同行服务。

最后是资本的开放和共享。大家知道，我们参与投资的安鹏基金是北汽在北京市的支持下建立的新能源汽车发展基金，这个基金一方面着重于前瞻技术和创新技术的开发，另一方面着重于产业孵化和产业发展的投放，所以热忱地欢迎技术拥有者和产业所有者跟我们来共同研究探讨。

总而言之，我们一直秉承着越开放越融合才能越成长的未来新能源汽车发展理念。

嘉宾简介

郑刚

中共党员，工商管理学博士。现任北汽集团党委常委，北汽新能源党委书记、总经理。

专注于新能源汽车产业的超前谋划和长远布局，在核心技术自主创新、商业模式创新、制造业服务化转型、产业链协同方面取得了多项骄人成绩，带领北汽新能源成长为行业内领军企业，成为我国制造业转型升级的典范。

曾获得首都劳动奖章、智能制造年度人物、创新工程领军人才、北京市优秀企业家、国企楷模·北京榜样等多项奖励和荣誉称号。

顺应时代潮流　打造年轻化产品

张治
东风日产乘用车公司商品规划总部总部长

我现在在东风日产负责产品规划，也就是说，我是一个产品人。

大家都知道，现在互联网已经成为人们生活的一部分，而且互联网进入到生活中的速度和深度在这之前是前所未有的。当车联网开始慢慢成为我们生活的一部分的时候，无论是什么产业、什么行业，都不能忽视它，所以对于汽车行业来说，车联网非常重要。

其实，目前智能网联或者智能汽车的时代已经到来，在自动驾驶、新能源车以及智能网联等方面，无论主机厂用什么模式推广、合作、合资，通过什么样的操作系统、界面让用户接触智能汽车，中国的汽车行业已经迈出了坚实的一步。整个汽车行业已经完全投入到这样一个新的时代。在这个新时代，只需要考虑的是如何为消费者提供更好的体验。

目前，我国在“中国制造2025”规划中，已经把智能网联和智能汽车列入国家的发展进程中，这也更加体现出汽车行业在“中国制造2025”中起到了非常关键的作用。

在“中国制造2025”规划中，对于车联网或者智能汽车来说，制定的技术路线已经比较清晰了。过去的几年，是智能汽车的起步阶段，根据车载的感应器甚至摄像头这种车载的大脑来计算、判断这个车应该做什么样的操作，比如说探测到行人之后的自动制动或者是判断车是否在车道内行驶等，对于我们来说，这只是一个起步。目前，智能汽车在快速地发展，包括感应和判断在内的很多东西都在走向云端。“中国制造 2025”大的基础环境一定是和汽车发展紧密结合的，5G 网络和基础设施必须同步跟上，才能让所有的汽车去和基础设施或者人沟通。

智能汽车的技术路线已经明确，所以任何车企如果不去拥抱智能化，肯定会被排除在外。发展智能化是最低的资本，没有这个是无权和消费者对话的，有了这个也只不过是迈出了第一步。

从一个产品经理的角度来看，我们造车的想要的是以人为本，以人为本，其实要的是以需求为本。我会经常去看马斯洛金字塔，在马斯洛金字塔的最底层是生理需求，对于车来说，怎么样用最舒适的方法让用户从 A 点到 B 点，是汽车最基本的功能。之前，我在网上看到了一个更新过的马斯洛金字塔，这说明互联网需求已经到了人的需求的最底端，所以说智能网联汽车也只不过成了人最基本的需求，车企必须要做智能网联产品。

当技术路线指向同一个方向，竞争比较同质化的时候，作为商品人就要看到网联生活已经非常快地从一个新兴事物发展成了一个基础需求，那么车企应该如何面对这样一个突如其来的变化？如何进一步探索消费者接下来的痛点和需求？这是车企应该要做的。

苹果公司是现在全球市值最高的一个公司，它的成功当然与它非常完美的硬件和不断更新的产品分不开，但是硬件的出色只是它成功的一小部分因素，它真正的成功是给客户带来了一种前所未有的体验，可以说乔布斯的成功在于他可以发觉和感知到人们自己都没有意识到的一种需求的存在，他通过硬件去把握、传递到了这种需求，所以苹果公司才会这么成功。

造车行业和高科技行业是有非常大的本质区别的，高科技行业需要在速度和技术上有很多突破才有话语权，但可能在追求技术突破和产品的同时带来的用户体验还没有达到最佳水平。对于快速迭代的高科技行业来说消费者是可以接受的，但是对于汽车行业来说产品周期非常长，而且汽车产品上市之后是要对消费者的人身安全负责的，所以汽车产业的人面对这些高科技的东西是不是要考虑慢半步？不去追求高科技或者黑科技，而是要考虑怎么样把这些科技和产品结合，带给用户良好的体验作为一个起点。

2017 年很多自主品牌车取得了爆发式的增长，互联网汽车成为非常大的热点。在这样的形势下，作为传统车企的确有点坐不住的感觉，但是冷静下来去思考，这些互联网汽车给客户带来的体验和附加价值是什么？例如这些互联网汽车给客户带来的是在线导航、在线音乐或者在线电台？如果一个客户有一台智能手机，再到淘宝上买一个 20 元的手机支架，这些功能就都可以实现了。所以说，如果现阶段的智能网联汽车可以实现的是在线导航、在线语音、在线电台的话，那么这个车联网在汽车上给客户带来的额外价值可能就只是屏比较大了。这样的价值可能在这个阶段还是可以接受的，但是对于未来的需求来说，还是远远不够的。我们现在一直在思索的就是当互联网成为一个基础需求，我们应该利用车联网这个技术给客户在车内带来一种什么样的体验？这种体验是他通过智能手机或者车下的生活不能够获得的。如果把这个问题看清楚了，那我们给客户带来的基于互联网上的附加价值就会成倍地增长。

今天我讲的主题是顺应时代潮流，打造年轻化的产品。年轻化这个词语在过去几年突然成了造车行业的一个时髦词语。现在很多企业都在说怎么样打造年轻化的产品，怎么样针对年轻人打造一款产品，这个是需要做的。为此，我们研究了很多数据，包括 90 后、00 后价值观、消费观、人生观是什么，帮助我们去理解这些人群的需求，但这是远远不够的。

互联网对于这些年轻消费者来说肯定是重中之重，那么中国地大物博，东西南北文化各异，单纯用现有的技术解决方案来提升我们的产品到底是不是正确的选择，这是我们要思考的一个问题。

我是做产品和商品企划的，从我的角度来说，我要做的是思考未来五年到十年我们的品牌和产品规划，虽然不知道未来五年到十年互联网技术会发展成什么样，但肯定和今天不一样，所以说如果用今天的技术方案套未来五年十年的产品，带给消费者的肯定是一个失败的产品。

相对于技术方案和产品，更值得我们挖掘的是消费者的需求，所以作为汽车人还是要回到消费者的需求上来，要洞察他们未来的需求，解决方案则是其次的。

所有中国的汽车人都需要从客户的体验出发，把用户体验作为起点和终点，不断带来顺应时代潮流的一些新产品，让我们所有的业界同仁共同努力，推动汽车产业的良性发展从而达到最终的质变，从一个汽车大国走向汽车强国。

嘉宾简介

张治

1977年5月20日出生于中国上海，任东风日产乘用车公司商品规划总部总部长，公司管理委员会成员，主导日产乘用车在华产品及技术的规划。1996年9月至2001年12月，就读于加拿大温哥华的SimonFraser大学商学院，获得市场广宣和国际经贸专业本科学士学位。2016年8月至2017年2月，在美国费城沃顿商学院接受高级管理人员培训。

张治于2008年4月至2011年6月，在韩国首尔的通用汽车全球开发中心负责全球下一代微轿和小型车规划及前期开发。2002年4月至2008年3月期间和2011年7月至2012年8月，在通用汽车中国上海公司作为产品规划及项目管理经理管理通用汽车在华合资企业的产品型谱及跨品牌战略。2012年8月至2014年3月，在日产汽车亚洲公司任高级经理，规划管理并统一亚太各区及产品开发团队工作。2014年4月至2017年3月，在日产汽车全球技术中心带领全球产品团队以及本土产品开发团队主导全球紧凑型轿车长期规划及战略（含新能源）。2017年4月至今，任东风日产乘用车公司商品规划总部总部长，主导日产乘用车在华产品及技术的规划。

汽车新商业的未来：汽车资产运营和价值管理

邵京宁
行圆汽车董事长兼 CEO

我是做汽车互联网出身的，希望今天的演讲能给大家提供另外一个维度的思考。

我们讲汽车新商业的未来、汽车资产运营和价值管理，这可能是未来五到十年中国汽车行业需要仔细研判、思考和践行的重要命题。

市场经济变迁，汽车行业商业本质发生变化

纵观中国近 30 年以来汽车市场的经济变迁，主要的一个变化是由卖方市场刚性需求主导、以商品为核心的市场和经济逻辑，过渡到了买方市场、弹性需求为特征的、以用户为核心的商业体系。

以人为核心跟以商品为核心的市场逻辑是完全不一样的，目前来看国内的市场条件、市场运行的基本模式并没有过渡到这个体系当中来。以车为中心、以产品为中心比较简单，以人为中心则涉及商品、品牌、服务、调性以及相应的金融解决方案等方方面面的问题。

汽车行业的商业本质也因此会发生重大变化，前几位嘉宾讲到电动化、智能化、网联化、共享化，这些所谓的“新四化”，再结合刚才看到的基本市场的发展变化，就如人们常说的：汽车行业要发生百年不遇的商业升级和模式转型。以下是我们的一个判断，汽车行业诸多元素的变化会促成整个汽车产业商业本质的进化。在未来的一段时间内，大概 20 年左右的时间，汽车厂商会由单纯的制造角色逐步转型为资产服务模式。

现在主要是由汽车生产和售卖过渡到出行服务、解决方案提供，自 2015 年以来到现在基本所有的汽车企业都完成了要转型出行服务商的宣示。未来，他们会逐步地变成一个汽车产品寿命周期的解决方案践行者，也就是说，出行服务一定要提供全周期的解决方案。未来成熟稳定的商业模式应该是汽车企业变成资产运营和价值管理的一个服务平台，特别是擅长统筹增量资产。

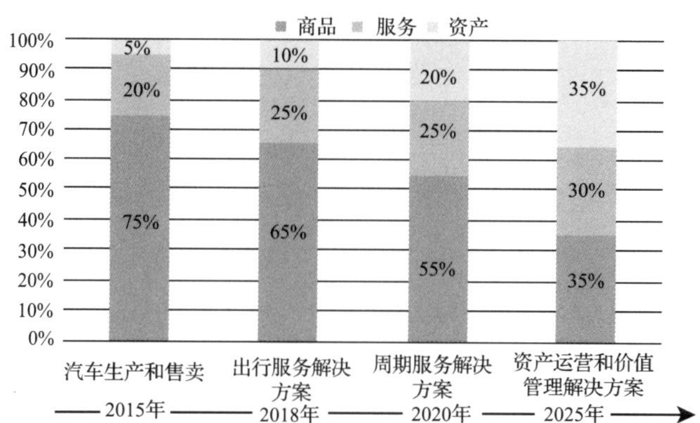

汽车行业运营三要素的比例发生变化

如果汽车行业从以运营商品为主逐步过渡到以运营资产为主，我们预估在 2015 年、2018 年、2020 年、2025 年的时间发展轴内，服务和资产在商业体系当中所占的比重将会发生变化，其中，商品的权重在缩小，服务的权重不断增加，资产运营和资产管理的概念不断强化。以上是对三个要素做的一个初步评判。

消费者的需求也在发生变化，由品牌信息广告需求逐步过渡到资产解决方案的需求，未来能够有品牌溢价的厂商非常有限，最终大多数企业的商品硬件将会融入一个解决方案的整体生态里面去，最终服务消费者的是由商品、信息和服务形成的一整套商业模式。

从美、日汽车市场看中国市场商业转型

商业就是要知己知彼，我们也希望从美国、日本这些发达的汽车市场看到商业转型的道路和前进的方向。美国的汽车市场情况在2016年的千人保有量达到了834辆，2017年的乘用车总保有量是2.68亿辆，2017年新车交易量是1758万辆，2016年二手车交易量是3851万辆，二手车的出口量是67.5万辆。美国的汽车千人保有量饱和，二手车和新车的销售比接近于2:1，这个比例偏高，但二手车的出口量偏低，市场交易总量是5000多万辆。

这是一个大概的发展逻辑，好处毋庸置疑，也有不好的地方，比如没有很好地进行二手车存量管理。2006年福特汽车出现了巨大亏损，卖掉了品牌和资产；2009年通用汽车申请破产保护。这其中原因很多，简单来看，如新车、二手车比例不合理，资产管理运行有缺陷，也是重要因素之一。美国市场有很强的自我调配和适应能力，经历了商品交易兴起、商品交易饱和、商品使用权交易的过程。这属于一个基本的产业发展脉络。

与美国不一样，日本汽车千人保有量也是基本饱和，达到611辆。二手车交易量2017年是694万辆，二手车出口量是118万辆，近几年基本稳定在这个水平。这个比例较为合理，在维持一定量的基础上有控制，同时出口量约占新车交易量的四分之一。也就是说，如果没有二手车出口118万辆的话，将来可能会通过本土二手车市场交易影响整个新车的总量。所以说日本产能保护较好，也相对合理。

我们也知道，日本一直抵制Uber进入它的市场，也是出于各种市场考虑。因为地缘问题、出口导向的经济策略、公共交通发达、Uber难以进入等原因，让日本汽车市场形成新车、二手车售卖以及出口的数量稳定，市场相对有序，支持了多个汽车大厂的经营。

而中国汽车千人保有量2016年统计数字是130辆，2017年乘用车总保有量是2.17亿辆，新车交易量是2912万辆，二手车交易量是1240万辆，滴滴的出行数据是74.3亿次。由此可见，汽车千人保有量空间巨大，理论上有很大的新车产能释放空间，二手车的细分比例偏低，这也导致了汽车资产价值

利用率偏低，所以中国的市场显示出了以下特征：新车市场尚未成熟，二手车刚刚兴起，租赁、网约车等多种形式同时存在，融资租赁市场竞争较为激烈，风险较大，共享出行发展迅猛，新车市场受挤压明显。统筹不够有效，汽车资产利用率不够充分。

我们到底该做什么呢？现在整个行业都没有答案，到底是促进新车的产能还是二手车交易量，或是转型出行服务商？其实，目标和想法是有冲突的，美国和日本的汽车市场是明显的线性发展过程，其几十年的发展历史可以呈现其变化，中国是后来者，所有的新鲜事物和老的课题全部叠加在一起。共享出行、新车、二手车、融资租赁都得到发展怎么可能呢？但是现在来看这却是一个必须要做的事情。怎样才能够找到相对正确的答案，这是整个汽车行业从业人员需要思考的问题。

资产运营和机制管理才是汽车新商业的未来

目前的汽车流通模式中，新车、二手车属于分离状态，二手车交易的过度供给可能会导致车辆价值衰减速度高于合理的残值衰减速度，白线部分是合理的衰减，红线是在市场寿命当中是有实际价值低于合理价值的断层。

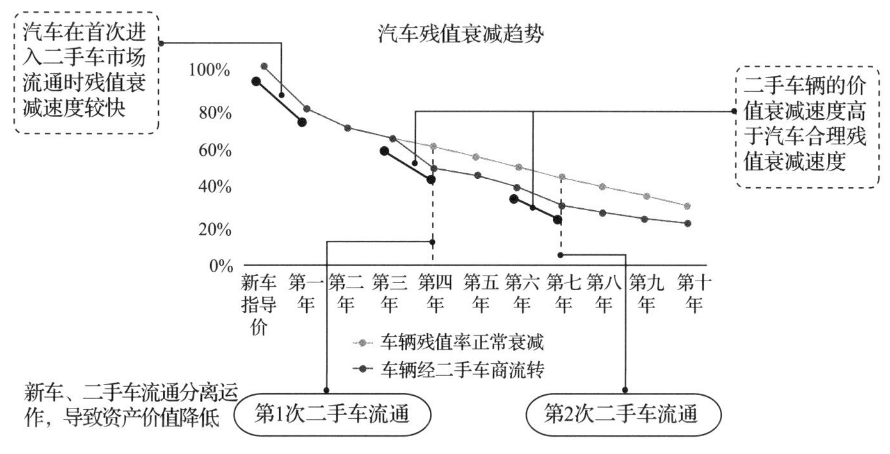

汽车资产流通现状

所以，核心的问题是不管每年注入多少新车，我们要做多少二手车交易和出口，如何评估新旧车比例，如何平衡使用权比例，如何保证我们的产能？现在每年新车2500万辆这个数字已经好几年了，微增长是委婉的表达，其实基本处于停滞阶段。

如何做好资产运营和价值管理将是核心问题。无论是哪种方式，最终如果我们跳离商品生产狭隘的价值衡量标准，总要保障市场运营总量的增长和价值的溢价，这也是最起码的要求。基于此，部分主机厂开始转型，提出“出行服务商”的口号，而这却完全不是一个概念。出行服务商只是第一步，资产运营和价值管理才是新商业的未来。

如何实现出行服务？统筹新车、二手车、使用权以及产业金融四要素，在产品全生命周期中实现产权交易、使用权交易、新车交易和二手车交易，并且实现国内市场和国际市场的统筹运作。新的商业理念和逻辑是金融渗透到全流通领域，联系产业资本和金融资本形成一整套资产管理的体系。

厂和商应该共同参与，经销商也不应当被遗忘。如何让经销商共同参与到产权和使用权交易当中，同步实现出行服务，同步实现资产运营和价值管理，也是当前需要解决的一个问题。我们希望将来厂和商以及最终的商业服务属性能够团结经销商的销售顾问，让他们成为厂商服务用户的一个网络。在买方市场的情况下，消费者的消费行为是对汽车企业莫大的支持，所以我们提出一个概念：“消费即投资”。无论是4S店还是市场的消费体系，希望将来达成劳资一体和消资一体的模式，并与企业共生共存；实现企业的并联结构：统筹新车、二手车、使用权交易和金融；建立资产管理模式，统筹新车金融和二手车金融产品精算，融入车联网，科学估算汽车的资产价值，实现汽车全市场生命周期管理；最终形成一个统筹的体系，我想这是新商业运作的一个基本逻辑。

那么汽车新商业的未来，将是新车、二手车、使用权以及产业金融的统筹，依托流通领域的经纪人体系达成劳资一体和消资一体，完成资产运营和价值管理，实现汽车全市场生命周期的管理，这是我们在汽车新商业模式上做出的重要思考。

嘉宾简介

邵京宁

行圆汽车董事长兼 CEO，中国汽车行业互联网专家和资深营销专家，汽车产业互联网开创者。

2016 年创办行圆汽车，致力于汽车流通领域智能化运营的产业互联网平台。

2009—2016 年，任易车公司总裁和董事，全面负责旗下网站业务运营。

2000—2009 年，任新浪商业运营中心总经理、新浪网汽车频道主编。

汽车润滑产品技术及市场趋势

雷凌

中国石化润滑油有限公司北京研究院副院长

我来自中国石化润滑油有限公司，下面我将从汽车润滑产品和技术这个视角向大家分享一些有用的信息。

首先，从我们的角度看一下汽车行业的发展趋势，我们看到在汽车整体销量缓慢上涨的同时，新能源汽车的增速更快，但同时我们也看到了，它们在绝对量上的差异，因此在石化和润滑油领域，新能源汽车和内燃机汽车两种产品是并重的。

从节能角度来看，节能是汽车行业非常明确的发展趋势。目前，我国实施的第四阶段燃油消耗限值对汽车行业以及零部件行业都产生了非常巨大的影响，可以说，整个汽车行业使用了非常多的节油方式来应对节油法规的趋势，例如发展新能源汽车以及更节油的小型增压发动机，甚至选择更节油的润滑油产品。

从排放角度来看，新的排放法规要求汽车行业使用更多的后处理技术以及更复杂的车内净化技术，这些是影响润滑油产品市场的重要因素。所以从整个润滑油产品的角度来说，这个行业已经从高速增长的阶段转向了高品质的发展阶段，高档产品的需求逐渐上升。

在中国市场，汽车行业已经拥有了全球化的技术，所以我们的润滑产品规格是全球化的，例如润滑油的黏度规格。在最近美国机动车工程师学会（SAE）发布的发动机油黏度规格中，新提出的0W16和0W20在中国市场已经出现，并且已有汽车厂在使用。

从性能方面来说，发动机油JF6规格开发了近十年的时间，期望2020年能够走向市场，在这个规格中有两项性能对汽车行业非常有用，一项是预防低速早燃，这是特别针对小型增压发动机产品低速早燃问题提供的技术解决方案；另外一项是在正时链条的磨损，以及增压发动机的保护方面提出了更优的性能。但是这个规格开发了近十年时间至今也没有推向市场，而这十年汽车行业经历了一个需求快速变革的阶段，包括小型增压发动机急切需要满足预防低速早燃性能的机油，因此在今年美国石油学会（API）已经推出了SN（Plus）的机油，现在个别汽车厂在使用。

从商用车的柴油机油来看，2016年12月推出的CK-4和FA-4的机油，已经适用于中国的商用车行业，它可以适合装有颗粒过滤器（DPF）的发动机，并且FA-4这样的规格能够提供更好的节油效果。

我们再看欧洲汽车制造商协会的规格更新，新的规格中增加了C5规格，这个规格可以满足国六后处理装置的使用需求，并且具有更好的节能效果，因此可以说这个规格是下一代汽车厂商的规格宠儿。

我们再看欧洲汽车制造商协会（ACEA）对于柴油发动机油的一些规格要求，针对国六的发动机技术，E6、E9、CJ-4、FA-4/CK-4都是可以满足的。另外ACEA规格已经成为国内长寿命柴油机油的参考规格。

对于变速器油来说，情况就一样了。变速器领域基本没有国际通行标准可参考，不同的变速器对油品的需求差异比较大，而且因为硬件设计方面的原因，不同的厂商使用不同的设计方案，它们对油品的需求也不一样，所以在这个领域，各个设备厂商针对不同类型的变速器都使用不同的规格。

我们再看一下中国市场的产品现状和趋势。首先对于汽油机油来说必须要明确小型增压发动机预防低速早燃的性能；其次是要更加节能。此外，还要满足排放法规，以保护 DPF 设备。

在中国市场上，各个汽车厂商已经在用的规格集中在 SN 或者是 C2、C3 的级别，但是下一代发动机油中大多数厂商已经对预防低速早燃提出了要求，C5 或者 FN + 级别都已经在使用，所以这样的产品可能会增多。

在中国过去的几年里，各个汽车厂商都将发动机油从 5W40 向 5W30 切换，目前也有部分在向 5W20 切换，下一步将集中在 5W20 或者 5W16 的黏度上。有一些节能要求比较高的厂家在做 0W18 或者 0W12 的产品。

从不同的换油期来看，现在市场上柴油机油产品层出不穷，更长的 16 万 km的柴油机油也在研发过程中。另外要满足 DPF 的需要，有一些规格柴油可以更好地保护 DPF 的后处理装置。此外，具有中国特色复杂工况的兼容性，包括车况、路况、驾驶人的驾驶情况以及天气情况都会给润滑油带来不一样的影响。值得一提的是，在润滑油的研究上，我们也在考虑和研究商用车的节能问题。

但在这些性能中，我们考虑更多的是如何在这么复杂的柴油机油性能中平衡各方面的表现以达到更长的换油周期的效果。从车辆的传动系统来看，使用更好的摩擦性能是做传统的传动系统润滑油的一个节能的方向。当然，我们在做的工作不只是传统的燃油机车，对于纯电动汽车来说，一级或二级的减速器对润滑有着不同的需求，目前市场上使用更多的是传统机油，但我们从设备的性能特点去分析，更低的黏度或者说更好的承载效果甚至电化学的性能都需要在新的设备中去平衡，这种性能要求在以前的产品中是不一定能够满足的，所以后续各个厂商在纯电动汽车上可以和我们共同探讨，新的润滑产品应该走向一个什么样的发展阶段。

此外，纯电动汽车的冷却液也属于润滑产品，例如电动大客车的冷却液，它的成分是不一样的，这种成分决定了润滑产品需要不一样的防腐蚀性能和兼容性能。传统汽车润滑产品的冷却性能是关键性能，对于纯电动汽车，润滑产品的安全性能要求更高于冷却性能。

面对市场的变化，中石化做出了积极应对，我们联合国际先进技术力量，包括设备制造商以及规格制定方合作推动发动机油、传统汽油以及各种各样的汽车润滑产品的技术发展，努力提升中国市场的用油品质。中石化也在做一些技术和产品的准备，期望先于客户和市场的需求，为大家提供更多的选择，例如我们和汽车行业在做的节能型润滑产品的配方技术以及和相关组织所做的更低规格润滑油品的研究，我们还在中国市场领域建立起更多的行业标准，我们希望能够为汽车行业的长足发展贡献自己的力量。

嘉宾简介

雷凌

现任中国石化润滑油有限公司北京研究院副院长，高级工程师，工学硕士。长期从事润滑油配方开发和产品应用工作，在汽车行业润滑领域、同步开发领域有丰富的经验。

INTERNATIONAL FORUM (TEDA)
ON CHINESE AUTOMOTIVE
INDUSTRY DEVELOPMENT
2018 泰达汽车论坛集萃

10

新时代的合资与合作

改革开放四十年 产业开启新征程

2018泰达汽车论坛集萃

INTERNATIONAL FORUM (TEDA) ON CHINESE AUTOMOTIVE INDUSTRY DEVELOPMENT

当前，全球汽车产业正处于深度变革期，电动化、智能化、网络化、共享化高速发展，市场竞争日趋激烈，新技术革命在推动着国内外汽车企业进行资源优势互补，融合与协同发展成为重要趋势。一方面，面对日新月异的新形势和技术变革，跨国公司也面临着巨大挑战，需要通过广泛的合作来迎战未来；另一方面，自主品牌企业经过多年的积累，在核心技术自主研发能力、品牌建设能力以及市场运作能力方面有了长足进步，逐步得到了跨国公司的认可。

面对汽车产业新业态和新征程，中外汽车企业将积极围绕合作与协同发展制定新思路、实施新战略、发布新规划，共同描绘汽车产业融合的新蓝图。

全球价值链还是中国价值链

王志乐
北京新世纪跨国公司研究所所长

关于开放股比的问题，这些年一直在讨论。我记得我最后一次参加政府组织的政策讨论是在 2014 年，有点像开听证会。当时，工信部产业政策司的领导主持会议，汽车界的十几个人在一起讨论，股比开放问题在当时的讨论还是挺热烈的。最近公布的汽车放开股比的政策我觉得和那次讨论还是有关系的。那次讨论说 5 年过渡到全面开放，我原来以为 2015 年要实施，可能 2020 年算过渡完了，最后拖了两年，到 2022 年完全放开。

讨论政策问题时，我主张眼界放宽一点，所以用"打造全球价值链还是中国价值链?"这个题目谈一点想法和看法。参加了 2014 年的那次会议，我感觉要求拖延开放的或者说对开放持怀疑态度的一些想法缺乏全球的视野。

十九大报告明确提出产业的目标是要促进我国产业迈向全球价值链的中高端，培育若干世界级的先进制造业集群；对企业的要求是要有全球竞争力的世界一流企业。中国的汽车产业如何打造世界级先进制造业集群？中国的汽车企业有那么多，如何培育具有全球竞争力的世界一流企业？我认为一流企业有硬件的硬实力还需要有软实力。企业文化就是企业的软实力。

我是研究跨国企业的，开始重点研究国外企业，后来又重点研究国内走出去的企业。根据我们调查研究的情况，我谈一谈对世界一流企业的看法。

我觉得世界一流企业最重要的就是全球型的公司。过去我们讲的有实力的企业就是跨国公司。实际上，真正的最先进的或者最有竞争力的企业是全球型的公司。这类企业大约是在1992年前后开始出现，因为1992年冷战结束，出现了全球市场。全球市场带动了这些企业走向全球布局，像市场营销全球化、制造组装全球化、研发设计全球化、资本运作全球化，在这样一个全球化过程中，他们实现了在全球吸纳资源、在全球配置资源，打造了全球的价值链。但是作为一个产业来讲，是全球的产业链。

我认为这种全球型的公司是跨国公司全球化发展的新阶段，他们通过战略、管理、文化的创新完成了这样一个转型。和传统跨国公司相比，这类公司有一个特点，即全球化程度大大提高。比如，我刚才讲的全球市场出现是1992年前后，到1994年慢慢起步，全世界最大的100家跨国公司，海外资产、海外销售、海外雇员的比例只有40%多一点，但是到了2017年已接近三分之二了。也就是说，20来年来全球化程度差不多是一年接近一个百分点地在提高。

企业从跨国公司走向全球公司，产业在此期间也发生了重大的变化，从过去的以国家地理为界限的这样一种民族产业走向了全球产业。什么是全球产业？从资源、布局到整合来看，这种全球型的产业所需要的资本、技术、人才、原料、市场等资源在全球范围获取。产业链全球布局，往往有几个全球型的龙头企业带头整合全球资源，引领全球产业发展。而汽车产业我觉得恰恰是全球产业中最典型的一个产业。刚才讲到的三个方面情况都存在，而且有若干龙头企业在发展，所以汽车产业这些年已经高度地实现了全球化。下边看一些数据。

我一直跟踪美国、日本、德国的六家公司，这是六家公司1993年时的跨国指数（综合了海外资产、海外销售、海外雇员等方面），通用只有26.4%，福特为34.4%，丰田约为30%，本田约为30%，大众、宝马算比较高的，达到50%左右。2008年，这六家公司的全球化程度已经相当高了，美国的两家公司的跨国指数均达到了50%左右，但是后来由于美国的政策要求它们回到美国，而由于通用、福特出现了困难时，是美国政府出资解决，实际就要求其在国内发展，所以这两年美国公司的全球化程度实际是下降了。通用今年就没进入世界最大的100家跨国公司名单。但是像日本、德国的公司，其全球化程度在这20来年大大地提高了。

进入世界100大跨国公司的名单里有六家汽车公司，博世是以汽车零部件为主业进入的。汽车行业的跨国指数大都达到了60%，最低的戴姆勒也有50%，沃尔沃则达到87.2%，因为被中国收购了，所以沃尔沃的海外部分所占比例大。可以看出这些公司的发展诀窍都是吸纳、整合全球资源，打造全球价值链。我看到昨天北京汽车的老总讲的一个观点就特别强调全球价值链的竞争。我们应该看到，现在的竞争已经不是一个企业对一个企业的竞争，一个产品对一个产品的竞争，而是价值链的竞争，特别是全球价值链的竞争。特斯拉这个案例特别清晰。特斯拉突然就出现了，而且超越了原来大家熟悉的那些新能源汽车公司，那它厉害在什么地方呢？大家知道汽车价值链有供应商、供应链的问题，2013年的时候，特斯拉有很多供应商，它的电池来自松下，电机来自台湾的富田，电控总部在加利福尼亚，据说硬件制造还在上海，另外还有很多其他配套公司，大体上来自于日本、德国，还有美国。它能把全世界性价比最好的零部件整合到这个价值链里，所以在全球价值链竞争中就能处于制高点。值得注意的是特斯拉不像中国的一些企业，强调中国制造、民族工业，它强调的是全球制造这样一个理念。特斯拉把汽车送上太空了，其中有一个电路板上打上了“Made on Earth by Humans”，意思是这个车是地球人类制造的，它是名副其实靠全球价值链打造出来的。

如果说现在的全球竞争是全球价值链的竞争，那么就要反思这些年我们的产业政策，我们企业的努力，是不是向着全球价值链发展的。

我们的产业政策应该引导在中国境内的企业打造全球价值链。而打造全球价值链一个重要的措施就是开放，引进外资。这些年我们的开放确实越来越大，但是每一次比较大的开放都有一次博弈。20世纪80年代初，刚刚要吸引外资的时候，当时也有人说是卖国；到了20世纪90年代初，产生了姓资还是姓社的争论；到了加入WTO的时候，有人认为经济将被冲垮，说是“狼来了”；这几年则还在讨论姓中还是姓外的问题，把在中国注册的外资企业视为外国企业。2010 年前提出的政策是国家支持自主创新的企业，按照有关部门的标准，所有的外资都进不了名录，明显有所偏颇，后来国务院要求有关部门进行纠正。

2017 年国务院出台 39 号文件要求积极促进外资增长。文件中提出了开放 12 个领域，对于汽车领域的说法和现在是一样的，专用车、新能源车要率先开放，同时列出了时间表、路线图，明确开放时间是2018 年6 月30 日，所以说这次新一轮开放是基于中国政府的长远战略。然而，中央想做的、政府想做的和企业想的有一定差距。

面对这样一个情况应该怎么办?

第一，我觉得企业、政府的思维应该从过去的投资输入国上升到投资输出国。2015 年，中国对外投资就超过了引进外资，我们走出去在国外投资的时候发现有很多问题，一是对我们开放不开放，另一个是在那儿投资会不会得到保护，能不能享受国民待遇，这个时候我们就体会到了当年外资企业要的东西是有道理的。因为我们当年是投资输入国，想得比较多的是怎么保护我自己，怎么限制外资，这是投资输入国的思维。现在大规模走出去，我们的企业界也应该考虑考虑中央为什么现在这么有力地推动扩大开放？这次中央推进开放的措施，我理解是加入 WTO 以来动作最大的一次，如果我们还停留在原来的思维就不行了。有的时候我们说我们加入 WTO 承诺都兑现了，为什么你们还说我们没兑现？客观地说，我们当年的承诺，所有有具体时间限制的要求，大部分确实都做到了，比如 2006 年 12 月进口汽车的关税降到 25%，这个承诺做到了。但是 WTO 还有很多原则性的东西，咱们确实还有缺陷，比如说国民待遇。还有，WTO 里有一个非常明确的规定，要求中国各种各样的产品价格要用市场的力量来决定，咱们现在没完全做到。我们在这个时候要想应对全球价值链的竞争第一个就要转变观念。

第二，从民族工业思维提升到全球工业思维。我认为这些年全球公司打造的是全球价值链，最有竞争力的企业，每一家的全球化程度都超过 50%，甚至达到了 70%、80% 的水平了，它们能把全球最好的资源整合进去，而我们现在想的还只是民族工业，我觉得跟不上了。

第三，要按照企业发展规律多途径地培育发展品牌，换一个说法是从中国品牌走向全球知名品牌。我们都知道，品牌不是中国的，而是中国企业的。但是咱们企业老是动不动就提中国品牌，而且媒体宣传的好多概念都是似是而非，经不起推敲的。品牌是无形资产，当然有所有者，这个所有者不是中国国家，而是中国的某一个企业。为什么要把自己的企业品牌问题上升到国家品牌的高度，要求国家支持，以此来掩盖你做得不好？我认为创造自主品牌有很多途径，包括品牌授权、合作创造品牌、自力更生自创品牌，还有收购品牌。简单地讲，一种叫自创品牌，还有一种是合作或者收购品牌，这些都是自主品牌，为什么把自主品牌弄得那么狭窄？只有自创的才叫自主，收购来的品牌就不是自主的吗？以大众公司为例，2009 年时有 10 个品牌，有几个是自创的呢？绝大部分都是收购的，有的是来自德国，有的来自意大利，有的来自英国，有的来自捷克，有的来自西班牙，还有瑞典。这么多品牌都是通过收购合作纳入大众的体系，在品牌上也是整合全球资源，打造全球的品牌。为什么我们把品牌想得那么狭窄？结果导致国家支持自主品牌实际上只支持自创品牌，媒体宣传也是只推崇自创品牌，打造自主品牌的路越弄越窄。

第四，一些企业在打造全球价值链或者中国价值链的时候，往往对文化、软件考虑不多。最近，中兴案子给我们一个很大的启示。当我们想融入全球价值链的时候，不仅要有硬实力，还要有软实力，要有合规意识。你想去融入这个世界，现在的要求越来越高，美国就拿这个敲打你。建立了全球价值链，想要维护这个价值链的稳定、可持续，既需要技术保障，也需要合规保障。比如，如果汽车零部件来自美国或日本，如果一场大火把工厂烧了，可能供应链供应不上了，所以肯定要选择两三个供应商，以防万一，这是基于硬件的技术考虑。但是最近大家发现，如果不合规，一旦被某一个国家制裁了，供应链就有可能进入休克。这里所说的合规，包括价值链全球布局所在地的国际通行规则和个别国家的特殊规则。最后，要想提升价值链的地位，既需要技术提升，也需要合规提升。不合规获取技术现在很难了。现在，美国连 1000 个的长江学者都瞄上了。合规的问题现在是越来越得到重视，而且已经引起了中央高层的重视，要求企业规范海外经营行为，加强企业海外经营的合规制度建设；规范企业投资经营行为，提出强化合规经营意识应是企业走出去的前提，要求有关部委指导企业在经营中遵规守法，切实防范风险。所以打造全球价值链，无论是融入阶段还是维护阶段，以及最后提升阶段，都离不开合规这个软件或软实力。

最后举一个案例说明如何促进源于中国的全球公司发展，打造中国的价值链。其实，中国企业有一个很好的案例，就是吉利公司。吉利近三年来销量平均增长了75.4%，今年上半年又增长了36%，在中国汽车界确实是一匹黑马。我认为它是研究了全球公司的问题，打造的是全球价值链。吉利李总曾专门跟美国IBM的老总接触，因为IBM老总提出了全球整合型企业的理论。

吉利通过多次并购正在成为源于中国的全球公司。吉利在中国最大的100家跨国公司里排在第13位，但是跨国指数最高，达到68.91%，这意味着它整合吸纳全球资源的能力最强。它把收购品牌和自创品牌结合，共建自主品牌体系。这和其他一些企业的思路就不一样了。把收购品牌和自创品牌结合，这两个品牌互相促进，把本土研发和海外研发联合起来，共建全球研发体系，最后实现了价值链全球布局，所以它就能利用全球的资源。

值得注意的是，吉利不仅打造全球价值链，还不断强化合规经营意识。2012年收购沃尔沃以后，吉利就考虑如何跨文化管理。2013年，李书福总裁请我们研究所帮忙建立合规体系。经过两三年的运作，现在尝到了合规的甜头。比如去年吉利要收购美国的飞行汽车，这个收购的技术含量非常高，所以美国的安全审查不仅是财政部的外国投资安全审查委员会参与，还有军方进行调查。由于有健全的合规体系，所以这个调查很容易通过了，美国军方的评价是吉利是一个合规的公司。

今年吉利收购戴姆勒的股权，达到9.69%，成为戴姆勒最大股东。德国有关当局当然也高度警惕，这么一个中国公司怎么一下子变成了戴姆勒的最大股东？经过了多方面调查，甚至于有些是责难，但并没有查到问题，最后德国总理出来表态，吉利斥资90亿美元入股戴姆勒，没有任何违规行为。据了解，吉利请了三家律所提供三个方案，他们选择了最保守、最稳妥的方案，最后就无可挑剔，当然花钱可能也多一点。吉利有这个合规意识，所以在融入这个全球化价值链过程中就比较顺利，否则就很难成功。

最近吉利公司在对合规体系做评估，研究这三年运行中还有哪些问题。他们成立了一个专门的合规管理委员会，成员是企业的最高层，一个季度开一次会。我被邀请参加了第 13 次的会议，讨论如何把合规文化纳入吉利的核心文化。几年来，吉利积极强化合规经营意识，这也是吉利能够在打造全球价值链的过程中，在融入过程、维护过程、提升过程中能够成功的原因。

我觉得吉利这个案例可以回答怎么打造一流的全球化企业的问题。如果汽车产业各个公司能借鉴别人成功的经验，努力打造全球价值链，既重视技术、产品等硬件，也重视包括合规经营意识在内的软件，中国的汽车产业有可能实现成为世界级的先进制造业集群的目标，中国的汽车企业有可能成为世界一流企业。

嘉宾简介

王志乐

北京新世纪跨国公司研究所所长，中国贸促会全国企业合规委员会副主席，联合国全球契约组织第十项原则专家组成员。兼任中国投资协会外资投资委员会副会长，中国经济体制改革研究会特约研究员。获国务院颁发国家有突出贡献专家证书，享受政府特殊津贴。

自 1993 年以来，先后完成了德国、日本、韩国、美国和新加坡企业在华投资研究。以跨国公司作为研究重点，迄今共访问调查近百家跨国公司国外总部、100 余家著名跨国公司在华代表机构以及它们的 500 余家在华投资企业，还访问调查了 100 余家中国著名国有企业和民营企业。在此基础上，撰写和发表了一系列关于经济全球化和对外开放、跨国公司的战略管理及跨国公司合规文化等问题的论文与著作。

2007 年以来，建立和丰富了全球公司和全球产业理论框架，论证了全球市场出现以来全球型企业和全球型产业发展的新形态，并且据此论证了如何在对外开放中发挥全球公司的作用，以及如何促进源于中国的全球公司发展。这一研究成果得到了政府高层的重视并且引起国内外企业的关注。

2009 年以来，调查研究了 50 余家国内外大型企业强化合规管理体系提升软竞争力的经验与教训，撰写了一系列关于合规的论著，在此基础上促进成立了全国企业合规委员会，积极推动中国企业强化合规管理。

扩大开放新形势对汽车产业的影响和建议

黄永和
中国汽车技术研究中心有限公司资深专家、汽车技术情报研究所总工程师

今天我演讲的题目是扩大开放在新形势下对汽车产业的影响和建议，首先介绍一下我对整个汽车产业对外开放的五点认识。

第一，扩大开放是稳中求进的基础，同时也能为市场提供新的增量，更能为产业的发展提供创新资源的支持。

第二，扩大开放是结构优化的倒逼动力，同时也为提升产品质量提供了标杆。高质量发展是汽车产业目前一段时期里面临的最主要问题。这个目标的实现还需要一个比较长的过程。

第三，扩大开放能够为创新提供更优良的环境，让我国汽车产业在面向世界开放的过程中赢得未来的发展机遇。国务院连续发布的两个文件，实际上都是强调对外开放，我们的基本国策是没有变化的。

第四，我个人认为我们在低碳环保新的形势下，在新四化建设的环境下，对外开放使我们在技术的引进、商业模式的创新上，能够获得更大的发展空间。

第五，扩大开放要追求双向互惠，不能只顾自己的利益，比如就为了进口或者出口。扩大开放能够为推动技术、产品、服务等的国际化提供良好的环境。

这是五点基本认识。下面简单介绍一下我们关于资本力量的一些新认识。

实际上，扩大开放包括很多方面，不只是股比的放开，也不只是两家企业限制的放开，还包括关税的下降。在很多方面，我们的开放程度会越来越大，在这种形势下，我个人认为开放会更有利于提高外商投资的积极性，特别是能够扩大产业规模，甚至带动上下游产业链的共同发展。

第一，推动主流外资企业在中国投资设厂，投放更有竞争力的车型，包括新能源汽车产品的同时，将促进我国汽车品牌，特别是一些自主品牌企业加大技术创新的力度，提升产品竞争力，并带动上下游产业链的共同发展。所以产业链的建设应该是我们下一步高质量发展的重中之重。

第二，我们认为会有利于推进国企改革，形成产业发展的内生动力，从而激发各类企业（特别是国有企业）自主发展的活力与动力。进一步说，扩大对外开放有利于提高国企自主发展的危机意识，倒逼国企加快自身改革，从而能够调动一切资源发展新能源汽车和智能网联汽车，以应对开放形势下更为激烈的市场挑战。

第三，有利于利用全球资源来培育并提升企业的核心竞争力，从而促进产业结构的调整和转型升级。扩大对外开放将使更多全球领先的研发类、设计类，以及服务配套、出行服务等领域的企业进入中国市场，为我国汽车企业依托全球资源提升整个体系的核心竞争力创造条件，为加快转型升级做出相应的贡献。

对外开放除了有利的影响，也存在一些不利影响。在全面开放的条件下，不利的影响主要有以下几个方面：

第一个不利影响是过度依赖合资公司来分利的大型企业集团经营发展的持续性可能会受到比较大的影响。比如一汽集团、东风、长安、上汽、广汽、华晨等下属的合资企业的利润贡献力还是非常高的。无论是当下放开股比限制，还是2022年放开股比和名额的限制，我们认为都会大幅度地削弱企业与合资外方的谈判能力，在短期内产生明显的不利影响。虽然在短期内合资企业的股比可能不会出现太大的变化，但是外方最终肯定要追求股比占绝对股份。当然，如果企业有实力，那就还有可能坚持住，也有可能占有相应的股份。如果企业实力不佳的话，就有可能会变成真正外方独资，不过在短期之内实现外方独资还是存在很大困难的。

第二个不利影响就是可能会加大自主品牌企业的竞争压力，自主品牌（包括国有和民营企业）可能会面临严峻的市场形势和人才流失的风险。竞争逐步加剧是肯定的，但最关键的问题是人才的竞争，从长远来看，放开股比和合资企业的数量限制，除了少数自主品牌企业能够做大做强之外，大部分自主品牌企业都将面临产业整合的风险。企业多，尤其是新能源企业多，是我国汽车产业的现状，在对外开放逐步扩大的情况下，某些企业与国内企业重组、被外资收购或者成为少数大企业集团经营链条的组成部分，都是有可能出现的。

第三个不利影响是加速新进入新能源汽车企业的优胜劣汰，部分缺少核心技术和资金实力的企业将面临巨大的挑战。目前，虽然新能源汽车是不是产能过剩这个问题还没有定论，但是目前我国的实际情况是很多传统汽车企业在加大新能源汽车产能，而一些新进入者甚至包括一些没有进入的企业，都已经在地方政府的支持下增加了大量新能源汽车产能，所以说新能源汽车产能问题还是非常大的，风险也越来越大。特别是国内的一些新企业，通过新建纯电动乘用车包括其他方式进入汽车行业，这些汽车企业都刚刚起步，在产品技术规模和团队等方面，跟外资企业相比，差距还是非常明显的，竞争压力可能会越来越大。

接下来我简单地谈一下新时期资本在产业发展当中的作用。资本对汽车产业发展的推动作用日益明显，依托资本力量来促进产业发展已经在行业内形成高度共识。在十九大报告和今年的政府工作报告中都囊括了股权融资的内容，十九大报告提出来要提高直接融资的比重，促进多层次资本市场的健康发展，今年的政府工作报告则提出要提高直接融资，特别是股权融资的比重。也就是说，资本在我们下一步的产业发展过程当中的作用从上到下都得到了充分的认识。在国家发改委汽车投资管理规定的征求意见稿当中也表示鼓励企业通过股权投资等方式开展兼并重组和战略合作来提升产业的集中度。新造车势力企业在新能源，包括下一步的智能网联领域离不开股权投资的资金支持，越来越多的企业也会参与到股权投资当中，对此，大家已经基本形成了共识。

以特斯拉为例，特斯拉成立于2006年，可以说融资过程贯穿了特斯拉经营发展的始终，没有资本力量的助推，就不会有今天的特斯拉。第一阶段，特斯拉公司创办的前七年，完全依靠私募基金和风投资金来维持。2004 年 A 轮融资 750 万美元，马斯克个人投资 630 万美元，2008 年是 4000 万美元的可转换债务融资，马斯克个人出资达 2000 万美元，这是创始初期。

第二阶段，特斯拉在 2009 年也接受了政府方面的政策支持，2009 年接受了美国联邦政府 4.6 亿美元的低息贷款，2012 年加拿大政府对特斯拉提供了补贴，2017 年特斯拉通过销售碳排放积分大概获得 3.6 亿美元，美国加州的法案规定每一个积分值 5000 美元，每销售一辆车可以获得 7 个积分，这样销售一辆车最终获得的积分基本上就和日产汽车在美国的市场价格是一样的，所以每年的一季度特斯拉基本都是盈利的，但是全年来看是亏损的。

2017 年特斯拉总体亏损 22 亿美元，运营业务和投资业务分别消耗了 6000 万美元和 44 亿美元的现金，以债券、贷款、股份从市场获得 44 亿美元的现金，所以融资是支持企业发展的生命线，这也是特斯拉到目前为止屹立不倒的秘密。可以说，在十几年的发展过程当中，美国包括全球的资本都在给特斯拉的发展输血。

从全球看，以资本合作为纽带的战略合作和经营领域的拓展已经是企业做优做强的重要途径。典型案例实际上有这么三类，第一类是从主机厂的整个发展形势来看，产业链向下游逐步延伸，比如说发展利润比较高的二手车业务，包括租赁和保险等业务，在当地设立金融服务公司来支持业务的发展，这里有两个例子，一个是韩国现代，一个是大众。第二类是布局智能出行，主要是联合汽车以外的其他出行方式来提供智能出行方案，主要包括福特、本田公司，实际上，大众最近在中国也搞了自己的出行方案，这在整个产业链布局上是非常有意义的。第三类就是增强资本运作来对主业进行支持，比如通过贷款、股权资金募集资金，或者通过股权兼并收购的方式进行投资，其中典型的例子就是大众和宝马。

我个人认为在新时期资本对整个汽车产业的发展有四个方面的作用，第一是提供资金保障，增强核心竞争力，第二是借助资本的杠杆，助力经营上台阶，第三是对接资本市场，提升企业的经营质量，第四是发展衍生经济，助力企业转型发展。

对于国内企业借助资本力量加快发展方面，我有两个认识，第一是聚焦发展领域，应该将其作为资本市场的基本来追寻，把握经营主线，培育核心竞争力，从市场需求、政策导向和自身发展意愿三个维度分析，突出有所为和有所不为，聚焦核心领域，赋能主营业务，加快自身发展，提升经营发展的质量。第二是要对产业发展建立长期的基本认识，理清现有产业、新业态、潜在发展领域，制订清晰发展战略。以上是关于资本的问题。

最后对产业发展提出几点建议。第一，我们要把视野从产品本身拓展到产品的全产业链，积极利用全球资源，全方位打造国际核心竞争力。

第二，虽然我们认为国内的整个产业资本，包括外界的一些其他新互联网资本，其资本运作还是比较浮躁的，但是从长期来看，我们认为资本会最终摒弃浮躁，从商业的本质、营利性、可持续性角度分析，资本将流向有竞争力的领先的企业。

第三，在新兴领域发展过程中，我们不应该忽视传统汽车领域竞争力的打造。根据国际能源署的预测，到 2050 年仍有 50% 的车型搭载内燃机，使用发动机。我国新能源汽车的定义是纯电动汽车、插电式混合动力汽车和燃料电池汽车，没有将普通型混合动力汽车纳入其中，而国际上很多的技术类标准所指的电动汽车基本上都包括普通型混合动力汽车的。我们的新能源汽车概念跟国外的概念是不一样的。去年的泰达汽车论坛上，工信部的副部长也提出正在研究禁售传统燃油汽车的时间表，那么多国家提出来的禁售时间表都不一样，但我认为应该都要参考国际能源署的预测。

最近，在汽车行业有很多的国际并购。某研究机构统计，关于新能源汽车和智能网联汽车的并购案占比大概接近 50%，传统零部件的并购案占比为 50% 多一点。很多人都认为发动机（内燃机）有可能不行了，但是实际上是错误的，它的生命力还是很强的。新能源汽车替代传统汽车，是一个漫长的过程，所以我个人认为我们应该在这方面有所作为，特别是在发动机和变速器动力总成方面，国内还应该有比较大的投入，否则我们会丧失传统内燃机汽车的国际竞争力。

最后一个建议，就是希望我们坚定不移地推进国有企业的改革，特别是在体制机制方面要有所创新。我个人认为重点应该推进国有企业的混合所有制改革。推进混合所有制改革，我认为包括建立员工激励机制。在这些领域，我们应该有所作为，否则我们的国有企业在下一步竞争当中很难取胜，谢谢大家！

嘉宾简介

黄永和

男，经济学硕士，教授级高级工程师。

1986 年 6 月，毕业于南开大学外文系日本语言文学专业，获文学学士学位。2000 年 9 月获天津财经大学经济学硕士学位。现就职于中国汽车技术研究中心有限公司汽车技术情报研究所。

任中国汽车技术研究中心有限公司汽车产业软科学研究资深专家、汽车技术情报研究所总工程师。研究方向与领域为 WTO 及其相关政策、进出口关税与税则、非关税壁垒措施的研究、汽车服务贸易、汽车报废回收与再利用政策、汽车产业政策、汽车税收政策、新能源汽车发展政策、改装车发展政策、汽车文化促进政策等。

享受国务院政府特殊津贴专家。现任国务院关税税则委员会专家咨询委员会委员、海关总署协调制度商品归类技术委员会顾问组顾问委员、电动汽车百人会副秘书长、天津市汽车产品进出口协会副会长等职。被评为纪念改革开放 30 年中国汽车工业杰出人物、2009 年度中国汽车工业优秀科技人才等。

曾主持和参与多项国家主要重大课题，如《加入 WTO 汽车非关税壁垒措施研究（配额许可证研究）》《汽车品牌销售管理办法研究》《中国汽车产品回收利用技术政策研究》《燃油税制的国际比较与中国开征燃油税的方案选择》《< 构成整车特征的汽车零部件进口管理办法 > 及其核定规则研究》《汽车产业调整和振兴规划研究》《节能与新能源汽车发展规划研究》等。

曾荣获国家机械工业局三等奖一次，汽车工业科技进步二等奖二次、三等奖四次，原中国汽车工业总公司四等奖一次，中国汽车技术研究中心有限公司科技进步一等奖多项。

通往未来出行之路——自动驾驶

蒋京芳
博世底盘控制系统中国区驾驶员辅助业务单元副总裁

我们都知道，未来出行正经历着巨大的变革。最近几天大家都谈到四化、智能网联、智慧城市等，说明汽车产业正逐步演变为一个更加智能化、高度网联化的生态圈。在这种情况下，开放、跨界、合作共赢是必经之路，而且合作模式也会是多样化的。

现在中国的自动驾驶到底发展到什么样的程度了呢？低速的单车道的2级自动驾驶功能已经在中国落地。大家可能已经了解到，吉利、长安、长城、上汽搭载了2级自动驾驶功能的车辆已经量产或已发布即将量产，代表功能如60km/h速度以下的交通拥堵辅助（TJA），130km/h速度以下的集成式巡航辅助（ICA），可以实现20s的脱手，它的系统配置是雷达与摄像头的融合。在泊车方面，基于博世的超声波雷达实现的全自动泊车辅助功能也在吉利等车型上量产，驾驶员通过一键式按钮，无须加速、制动、转向、换档，车辆可以安全地泊车入位。可以预测，到2019年底，几十款自主品牌的车型将会搭载二级自动驾驶功能如瀑布式地推向市场。

2020年，将会在中国市场投放的是可以变道的2级自动驾驶功能——高速公路辅助功能（HWA），大家通常称之为2.5级自动驾驶。再往后是2021年量产的单车道的3级自动驾驶——交通拥堵引导（TJP），在65km/h速度下，双手可以完全脱开，车辆在本车道内自动跟随前车。2.5级及3级自动驾驶功能的系统配置较2级自动驾驶功能会有很大的变化，需要五个雷达、一个摄像头和域控制器。由于运算能力不足，现有的在雷达或摄像头进行融合已经不能满足2.5级和3级自动驾驶功能的需求。不仅如此，3级自动驾驶功能还需要冗余的制动系统和转向系统。可变道的高速公路3级/4级自动驾驶，它需要在现有传感器的基础上引入更多的（预计15个以上）传感器，用激光雷达、高精地图做相对定位以及绝对定位系统，同时需要冗余的双域控制器及电子电气架构。城市工况的4级/5级自动驾驶，由于是在城市工况，因此更加复杂，传感器就需要40个以上，特别是更高级别的激光雷达、毫米波雷达以及能识别交通灯的摄像头，同时还要有具备更强大运算能力的行车大脑。就这两项功能而言，博世还没有明确在中国的落地时间。

虽然现在行业中有很多公司在做自动驾驶的研究，但自动驾驶真正落地除了感知、定位、决策、执行之外，实际上还面临着很多的挑战，例如电子电气架构、功能安全、网络安全以及法规等。值得一提的还有如何验证这些功能，比如3级自动驾驶的交通拥堵引导（TJP）功能，除了要进行大量的道路试验外，还需要通过仿真模拟对极限场景进行测试，是要与主机厂一起先释放2级功能，然后靠大量在道路上实际行驶的车辆数据进行功能验证和迭代升级。

博世一直不懈地进行自动驾驶的研究与技术储备，比如在感知方面要有鲁棒性更高的冗余传感器。博世向市场推出的都是下一代产品，第六代超声波雷达已于2017年量产，第五代雷达、第三代单目及双目摄像头和第二代环视系统都将于2019年底前量产。它们的主要用途是为了探测的距离更远、探测的角度更宽、精度更高并且相互冗余。博世的激光雷达正在开发当中。

同样，在定位上，博世也是冗余的方案。一是基于卫星信号的绝对定位，另外是基于传感器看到的道路特征的相对定位。博世正在开发的是卫星定位智能传感器，它集成了高精度的六轴惯性测量单元（IMU）和纠偏的算法，以此来弥补卫星信号的不足和定位上的偏差，使得定位可以达到20cm的精度。相对定位也是一样的，市场上多数用的是摄像头的方案，博世推荐的是基于雷达和摄像头的方案，这样即使在天气不好的情况下，当摄像头看不到的时候，雷达也能很好地进行识别，提高定位的精度。

同样，博世推出的“行车电脑”也是可以升级的模块化方案，比如说刚才讲到的 HWA 2.5 级用的是基础版，TJP3 级用的是增强版，接下来的高速公路驾驶员（HWP）或者是 4 级/5 级的自动驾驶功能就需要更强大的行车电脑，以及带视频处理的图形处理器（GPU）。在制动方面，博世提供的黄金组合是 ESP[㊀] + iBooster，可实现制动的冗余。由于第二代 iBooster 具备快速建压的高动态性，还可以在紧急制动时实现更快的制动，更好地满足自动制动系统对（AEB）行人保护的需求。博世的汽车转向事业部也有自带冗余的转向器。

就博世而言，关于高速公路的自动驾驶，博世正在和主机厂进行着项目上的合作。城市工况的 4 级/5 级自动驾驶功能或者局部区域的自动驾驶功能，像港口、机场、园区，以及物流车等场景的应用，博世目前关注的还是车端的智能。我认为如果要把车端的智能和基础设施的智能相结合，在中国应该有更多的一些可能，所以博世希望跟更多的合作伙伴进行进一步的交流探讨。

简单总结一下，2 级自动驾驶在中国已经落地，2.5 级、3 级自动驾驶指日可待，城市工况的 4 级/5 级自动驾驶及局限区域的自动驾驶，如果把车身智能和基础设施的智能相结合对自动驾驶在中国的加速有积极的作用。我们希望在政府的支持下，与相关合作伙伴一起打造中国自动驾驶的未来。

嘉宾简介

蒋京芳

1989 年毕业于上海交通大学精密仪器专业，2017 年 EMBA 毕业于同济大学。曾从事出口贸易及市场相关工作，于 2000 年加入博世集团，就职于博世汽车部件（苏州）有限公司，在柴油系统中国区先后担任销售总经理助理、市场及销售管理经理等职务。2004 年，转入底盘系统担任市场及销售控制经理。2007 至 2011 年，担任博世底盘控制系统中国区市场及销售控制总监。2011 年 10 月至 2013 年 2 月，就任罗伯特·博世有限公司底盘控制系统市场副总裁。自 2013 年 2 月 1 日起，担任博世底盘控制系统中国区驾驶员辅助业务单元及市场战略部门副总裁。2016 年 12 月 1 日起，担任博世底盘控制系统中国区驾驶员辅助业务单元副总裁。

㊀ ESP 指车身电子稳定系统。

INTERNATIONAL FORUM (TEDA)
ON CHINESE AUTOMOTIVE
INDUSTRY DEVELOPMENT
2018 泰达汽车论坛集萃

11

新能源汽车产业链创新与重塑

2017 年，中国新能源汽车新车产销量继续保持全球第一的地位，销量同比增长 53%。新能源汽车已经成为中国汽车产业转型升级的标志，将与传统燃油汽车长期并存并相互竞争。

但是随着补贴的不断退坡直至取消，中国新能源汽车市场将迎来“后补贴时代”，市场发展的驱动力将逐渐由政策驱动向终端需求驱动转变。在这个转变过程中，新能源汽车产业链必将面临洗牌。在产业重塑过程中，需不断加强政策创新、技术创新、产品创新、商业模式创新、业态创新等，着力提升新能源汽车产业链的整体创新能力，促进新能源汽车产业健康可持续发展。

新能源汽车产业链　坚守造车逻辑下的创新与重塑

黄希鸣
南京博郡新能源汽车有限公司董事长、CEO

博郡成立于 2016 年，今天跟大家一起分享新能源汽车产业链方面的话题。相对于传统汽车而言，新能源汽车的生产模式发生了很大变化，产业链形式也发生了比较大的变化。

大家对新能源汽车的理解做了很大的简化，认为“三电”和配上 ADAS 就是新能源汽车，再开发一些 APP 和共享网络就是新能源汽车了，其实并不是这么简单。电动化、智能化、共享化是汽车发展的未来，但不能这么简单看待新能源汽车。从名词上看，新能源汽车还是汽车的一个种类。为什么不能叫新能源汽车移动器，因为新能源汽车离不开造车规律，这个是无法违背的造车规律。

新能源汽车不是简单地替换一些配置，增加一些功能。新能源汽车产业创新是继承新能源汽车以往多年积累，努力提升优势，合理利用资源，这样新能源汽车发展才有更美好的未来。

首先，实际上在“四化”中，电动化是处在首要的地位。与传统汽车比，新能源汽车不再依赖发电机和变速器，电池、电机、电控起到更重要的作用。但是“三电”系统不是简单外包拼到一起做，这涉及上万个零部件系统，是相当复杂的，很多新进企业没有积累，对此看得过于简单。

我们最近也在做分析，怎么优化系统保证用户需求，减少能源的消耗。这些工作是相当复杂的，不能简单凭想象，单就电池这一块就相当复杂。博郡汽车的电池成本占车辆制造总成本的40%，我们对于电池的投入是相当大的，正在建电池的工厂。今后若干年锂离子电池还是发展的主要方向。尽管固态电池在实验室已经实现了，但产业化的主要方向是锂离子电池，我们在锂离子电池方面有一个比较强的团队。企业的电池研发方向由三元锂电池切换到811正极材料，所以在我们决定到2020年做到350 W·h/kg，实际上，这一方面我们是走到了国际领先的地位。

目前，大家议论比较多的是续驶里程的话题，吐槽比较多的也是续驶里程。这不仅是电池本身的问题，与材料的开发、轻量化的制作都有极大的关系。

目前，博郡在正向开发ABC三个平台，首款车轴距为2.9m，这对于续驶里程是有帮助的。要满足客户对于大空间的需要，正向研发的底盘是非常关键的，我们的第一款车如果要做到续驶里程500km多，离不开强大的平台开发能力，不单单是解决电池能量密度的问题。目前，大众、奔驰都正在开发续驶里程500km的车辆，这对于新能源汽车有很大的挑战。汽车的油改电，基本上就像诺基亚时代的手机和iPhone打仗一样，当国际品牌进来以后，国内品牌是否有竞争能力？本人是比较担心这一点的。

另外，谈一下智能化。智能化实际上是很不简单的，要建立一体化网联的生态，让用户打通使用场景，同时减少整个汽车的资源浪费，其中整体的优化协调是很关键的。关于下一步的智能网联，博郡的一个基本观点就是社会责任。我们做新能源汽车基本的发展目标是减少排放，减少资源的浪费，同时减少交通拥堵，减少安全事故，我们的智能网联也是围绕这个方向来做，不是简单地给一些基本的功能。

在ADAS方面，国际上有很多技术流派，比较主流的是Google，它是以激光雷达为主导，但是摄像头不够增加雷达，雷达不够增加激光雷达，高清地图不断增加，造车的上下游产生的能源浪费也是极大的，这与我们造车初衷是背离的。按照别人的思路去走，这是一种相当危险的思维。真正要做到智能网联，这不单纯是主机厂的工作，而是一个系统性的工作。我们提的基本目标就是零排放、零污染、零资源浪费，以及零事故。要做到这一点，光靠ADAS是做不到的，以后的智能驾驶肯定是要靠大的产业联盟实现的，应该降低制造成本，减少能源浪费。有些智能驾驶系统能耗达到十几千瓦时，计算的能源消耗就已经很大了，这实际上是不合理的。以后的智能驾驶汽车应该是能耗越来越小，要通过5G和云计算实现智能网联，实现真正的共享经济。我们的目标跟一般单纯讲智能驾驶的公司是不一样的，我们在推进智能网联的过程中进行了充分的合作，比如与5G网络商、阿里云等进行了专业合作。在国际上，我们的智能驾驶系统也尽可能地进行了探索，在美国，我们处于4G网络中的车也在跑。坦率地说，我们的算法能够实现功能要求，但是实际运行过程中还是碰到了很多特殊的情况。

明年车展我们将展出智能驾驶概念车，但是自动驾驶还是需要交通体系、5G网络、云计算等技术方的综合支持。2017年，我们抛出了智慧交通，因为中国社会最大的问题就是排放污染，交通堵塞浪费很多资源，希望大家建立一个长远的顶层设计，思考怎么从顶层设计一个系统，最有效地把智能驾驶、共享经济、5G结合起来，以减少资源浪费，达到最大的使用效率。

我们做面向用户的C端市场的汽车研发同时，也做面向企业的B端共享车的研发。共享车跟私家车有很大的区别，我们的第一款车可以保证十年20万km没有太多的问题，但是如果是用作共享车，五年就可能行驶跑50万km，这对于整车的技术要求，特别是对电池的要求是非常苛刻的，在这一块要做一些特殊的方案。

总的来说，新能源汽车不是凭空而来的，全国有400多家企业都在做新能源汽车。实际上，现在真正要做的还是回归本源，以产品为主导。

博郡希望以后能跟大家一起协作，积极创新，实现中国新能源汽车更美好的未来。

嘉宾简介

黄希鸣

黄希鸣，南京博郡新能源汽车有限公司董事长、CEO，全面负责博郡汽车的生产制造与管理经营。黄希鸣毕业于美国弗吉尼亚理工大学，并获得航空航天专业博士学位，曾长期任职于美国福特汽车公司，专注于整车性能开发，拥有20余年汽车行业经验，一直致力于本土汽车产业发展，为多家国内车企引进了完整的研发和项目管理体系；并积极协助本土企业组建国际化研发、管理团队，引进大批海外高端人才。

2007年，创立了美国先进车辆技术有限公司（AVT），期间与多家国际知名整车厂合作，完成了多款车型的整车性能开发项目；2008年，创立上海思致汽车工程技术有限公司，并与多家国内外整车厂开展合作，致力于整车性能开发、底盘设计、调校等专业领域。

2016年，创办博郡汽车，力争将博郡打造成一家兼具互联网企业前沿开放思想和传统企业严谨务实态度的新能源汽车企业。

新能源汽车产业链的生态建设思路

罗思东
上海捷能汽车技术有限公司项目运营部总监

我来自上汽捷能公司，今天主要介绍一下对新能源汽车产业链的生态思考。

首先，在后补贴时代，新能源汽车的机遇与挑战并存。2017 年，我国新能源乘用车销售量为 56 万辆，占新车产销量的 2.3%；2020 年底之前有国家的补贴，各个车企日子会比较好过，无论传统车企还是新造车势力车企都在围绕补贴转。十年以后（最晚到 2030 年），预计我国至少有 20% 的乘用车新车（即 800 万辆）是新能源汽车，这是非常大的市场。2021 年没有国家补贴，那时候新能源汽车的产销量可能比 2020 年还要低，这种情况可能会持续两三年，那个时候有很多企业就比较难生存。与传统汽车相比，目前新能源汽车的成本比传统汽车高出很多，还需要大幅度降低成本；新能源汽车的性价比还没有在全工况达到或超过传统汽车，这都需要我们在后补贴时代要努力做到。

第二，新能源汽车的技术积累还相当有限。我国是汽车大国，但绝对不是汽车强国，新能源汽车领域也不强，这需要我们一同去努力。

第三，进一步提升新能源汽车的安全性。当前，新能源汽车安全性还是比较令人担忧的。安全是底线，是我们必须时刻牢记的。

第四，内燃机车还有25%左右的能力提升空间。

我今天所讲的新能源汽车是指纯电动汽车和插电式混合动力汽车。结合上汽新能源乘用车开发实践我来谈谈新能源汽车产业链的生态思考，电驱、电池、电控是新能源汽车最核心的“三电”技术，在这方面，我们认为整车厂要全面掌握“三电”技术，包含“三电”的硬件、软件开发。也就是说，在新能源开发方面，整车厂要做技术引领，供应商专心做专业的工作，一起去攻克技术难关。上汽已经形成了具有自主知识产权的新能源汽车“三电”核心技术，包括硬件和软件。

第一讲电驱部分。我们有用于插电式混动的电驱变速器（EDU）一代技术，此次会议的VIP用车就是EDU一代做出来的荣威eRX5插电式混动车，是一款具有良好口碑、供不应求的新能源汽车；我们还有插电式混动/混合动力都高效的EDU二代技术，它的价格比传统动力总成略高，还要进一步降低成本；到2021年的时候，我们将推出EDU G2 Plus技术，实现性价比超越传统动力总成的系统。做电驱变速器自主开发不容易，只有整车厂才能知道用户需求和整车的需求，需要什么样的机电耦合系统，怎样优化系统降低成本，怎样才能做出高效的系统。我们有了EDU这个核心技术，电机可以让专业的电机厂来做定转子，电机控制器可以让专业的电机控制器厂来做逆变器模块，我们几年前先掌握了电机控制应用软件的产品开发，现在正在开发逆变器硬件系统，因此我们有能力让供应商做更专业的开发工作，而EDU集成开发按照我们持续降本增效的要求来进行设计。有些问题单单靠机械改进或控制改进是难以解决的，但机电互补可以解决更多更难的问题。用于纯电动的电驱动系统（EDS）也一样，现在都是朝着电机、电机控制器和减速器三合一深度集成的方向发展，这样做可使总成紧凑，减少高压线，可大幅度降低成本。

第二讲电池部分。电芯模组是一个非常专业的领域，上汽主要与CATL合作。电池管理系统（BMS）/电池包都是上汽来做开发，我们不仅仅做BMS的软件开发，还做硬件开发，并找专业厂代工生产；研究怎样达到整车的要求，达到UL2580、ASIL－D的安全等级。电池安全不仅是电芯模组要安全，而且在电池包/BMS 开发上也要安全。上汽 14 万辆在用新能源汽车的安全稳定运行是最好的证明。

另外就是电控部分。电控技术是捷能公司最早形成能力的核心技术，控制系统的硬件来自成熟的 EMS、TCU 供应商，我们主要做控制开发；做好新能源汽车的电控，实际上也不是那么容易的，因为要做好整车的能量管理、各种工况的驾驶平顺性、动力性、自学习等。未来会有云计算、预控制器来配合智能汽车发展，上汽也开展了这方面的研究。

总结一下，后补贴时代的新能源汽车还远没有定型，不能按照传统思维进行产业链建设，因为传统汽车的发动机、变速器等各大零部件已经定型，分工也明确，供应商专心做好自己专业的工作就行了。在新能源汽车方面，我们还在摸索发展过程中，整车 OEM 必须加大投入，实现技术引领，要与有能力的零部件供应商进行深度合作，靠先进技术取得新能源汽车性能和成本优势。专业的零部件公司既要引领自己的下一级供应商，又要与整车企业密切合作，主动分离非核心可大幅降低成本的业务，整车 OEM 与专业的零部件供应商做大做强，实现共赢。不管怎么样，上汽一定要在后补贴时代将新能源汽车的成本降下来，达到比传统汽车一样或更好的性价比，做安全可靠的新能源汽车，来支撑我国新能源汽车未来十年的快速发展，为我国成为汽车强国贡献我们的力量。

嘉宾简介

罗思东

罗思东，现任上海捷能汽车技术有限公司项目运营部总监，负责上汽新能源汽车动力系统（电驱动、电控、电池）技术和产品开发的项目管理、售后技术与市场推广，以及台架试验等；负责电驱变速器项目平台管理工作。

从事新能源汽车技术工作 15 年，有 30 余项新能源汽车专利技术，获得 2017 年度国家科学技术进步二等奖一项，省部级奖多项。

新能源汽车和动力电池产业发展现状、机遇与挑战

黄世霖
宁德时代新能源科技股份有限公司副董事长、副总经理

我来自宁德时代，今天跟大家一起探讨一下新能源汽车动力电池产业的发展现状以及所面对的机遇和挑战。实际上，我国近些年从宏观政策、行业管理、推广应用、税收优惠，以及科技创新和基础设施方面产生了一系列的政策支持新能源汽车发展，是全世界鼓励新能源汽车产业发展力度最大的国家。

在产业政策扶持下，这几年我国的新能源汽车产业实现了快速的发展，到 2017 年生产将近 80 万辆，2018 年超过 100 万辆是肯定没问题。在这样快速发展的情况下，我们国内的新能源汽车产业出现了一片欣欣向荣的景象。同时在整车制造水平方面，消费者认可的程度逐渐在大幅提升，续驶里程早期的为 150km，现在主流的车型超过 400km。新能源汽车比例在上升，单个企业的年度规模以前是一万辆和几千辆，现在是十几万甚至几十万辆同时不断出现龙头企业。

另外，动力电池技术水平也在快速发展，目前基本上是三元锂，我们将来要过渡到高镍和硅合晶的体系。还有成本出现了很大的下降，从早期两元多 1 瓦时，现在到 1 元 1 瓦时，将来会降到 1 元以下。能量密度也在快速提

升，成本也在明显下降，最终使电动汽车具备在性能、性价比上具有跟传统汽车很大的竞争力。

从出货量来看，我们国家的新能源汽车产业规模不断增大，龙头效应非常明显，出货和产能逐渐向龙头企业集中。现在整体电池出货量方面，中国现在是全球第一，占比超过了一半。从动力电池企业来看，这几年出货量增加非常快，2018 年出货量增加的速度会更快。国际社会对中国的新能源汽车（NEV）战略评价也是非常高的，同时各国政府也都在向中国学习借鉴经验，不少国家都出台了燃油车的禁售时间表。

过去我们有很好的发展状态，现在我们面临什么样的机遇和挑战呢？蓝天保卫战的行动计划稿出台后，给货车的电动化带来了很大的机遇。整体来讲，从公交、环卫、邮政通行新型物流配送的车辆，将来大部分都会用到新能源汽车，所以蓝天保卫战中间有很大一块就是推广新能源汽车的快速应用。我们与车企深度合作，配套很多的物流车。将来各种各样的环卫车逐渐电动化，现在国内已经开始推动。

蓝天保卫战推动了先进的产品和技术的发展，但是竞争会逐渐激烈。随着补贴退坡和关税进一步下降，我们的新能源汽车如何占据领先的定位存在很大的挑战。第一是跨国汽车巨头开始发力，会陆续推出全新设计的车型，并且完全是根据电动汽车要求按照平台化方向设计的，这会对国内新能源汽车企业造成很大的竞争压力。

第二就是补贴政策快速退坡，我们全产业链面临比较大的增效压力，还有就是风险预测不足，导致我们有很多非理性的投资，造成很大的结构性产能过剩，从动力电池到新能源汽车都存在这样的现象。最大的问题是随着新能源汽车数量的增加，基础设施建设不足的矛盾将逐渐凸显出来，尤其是充电便利性方面是压力比较大。

当年德国宝马将慕尼黑大厦改为电池大厦，这标志着一个共识的形成。全球新能源汽车增长率都保持在 30% 以上，到 2022 年累计保有量将达到 1500 万辆，中国一直都是占据第一名的，将来中国市场新能源汽车的份额将保持在50%以上。

大众集团的MEB平台系列产能超过600万辆。现在他们前期的生产是很具有竞争力的。戴姆勒集团的EQ平台系列，规划产能将来要超过戴姆勒销售量的25%。还有宝马I系列平台是专门为电动汽车设计的平台，再加上其他经过严谨的认证和测试的平台型汽车，将来电动汽车的竞争力是非常大的。

宁德时代现在已经拿到手的国外订单，数量是非常大的。我们明显感受到2021年以后，国外的大型主机厂推出的新能源汽车会对国内新能源汽车企业形成巨大的冲击，国内企业对此需要有一个清醒的认识。

关于动力电池的投资，2016年动力电池投资就超过一千亿元。2017年全年我国消耗掉的动力电池只有37.6GW·h，但是我们消耗只有20多GW·h，这就是大量的产能过剩。

我们现在碰到一个问题，就是不能满足客户的需求，产能严重不足，但是整个行业的产能过剩比较严重，这个是比较大的矛盾。如此一来，落后的产能就很难得到消化，同时其生存压力会比较大。我们预计到2023年之前都会呈现结构性产能过剩的情况，所以行业同仁们要多想一些办法来消除这样的情况。

竞争形势依然非常严峻，我们建议应该继续保持战略的定力，坚定方向不动摇，坚持政策主要是优化扶持政策，持之以恒地实现汽车强国的梦。从这两天的会议来看，很多政府部门已经不断地释放了这样的信息，就是要不断地优化扶持政策，同时坚持辅优辅强的方式，不要搞太多过剩的产能出来。

建立比较优势，就是在专注自己的建设，尤其是电动汽车的使用环节。虽然现在电动汽车数量多了，但是其使用和监督环节还是比较薄弱的，应当加快充电基础设施建设并完善管理体系。电动汽车销售出去之后的管理体系如何去完善才能使得大家使用得更加放心，更加安全。

嘉宾简介

黄世霖

毕业于合肥工业大学半导体器件与微电子技术专业。长期在高新技术企业从事产品研发与产业化工作，积累了丰富的经验。

他曾任宁德新能源科技有限公司研发总监、北京普莱德新能源电池科技有限公司董事、东莞新能源科技有限公司研发总监、东莞新能德科技有限公司副总裁，宁德时代新能源科技有限公司总经理、董事。现任宁德时代新能源科技股份有限公司副董事长、副总经理。

对新能源车趋势解析

Grégoire Cuny
大陆集团动力总成事业群中国/韩国区
副总裁

我代表大陆集团来介绍一下我们是如何看待新能源汽车在当今时代面临的巨大挑战，以及我们想要分享的重要议题，比如说全球变暖非常明显，还有清洁空气。自动驾驶也是一个趋势。

共享和互联也是汽车产业重要的发展趋势，整个体系会对动力总成发展带来影响。

我们做了一个面向全世界消费者的调查，包括欧美国家和中国。在这里跟大家分享一下，在消费者调查中，我们针对的是终端消费者，调查他们购买电动车的意向是怎么样的。当然主要是基于比较乐观的情况做的调研，包括电池成本、充电基础设施都比较乐观。我们希望在这样的情况之下，去了解消费者对于新能源车的看法是怎样的。无论是A级车、B级车、C级车，还是D级车，越来越多的消费者愿意去购买电动汽车。在A级车和B级车中，消费者购买电动汽车的意愿更高，因为2020年~2030年，如果电动汽车的价格下降，充电的设施更加完善，中国消费者对电动汽车的购买意愿超过60%，到了2030年，购买意愿甚至超过90%。对于C级车，即使消费者购买意愿不像A级车、B级车那么高，但是我们看到购买意愿较前几年有所增加，对于D

级车仍然如此。

中国的消费者购买电动汽车的意愿是非常强烈的。也就是说，未来电动汽车的市场潜力就是在中国。中国消费者的答案其实也是比较符合我们的预期。在 A 级、B 级车型中，中国消费者比较偏好续驶里程较短的。2020 年对于续驶里程较短的电动车比例达到 36%，而到了 2030 年达到 57%，而在 C 级车中则更加偏好续驶里程较长的电动车，在 2030 年达到 31%。

这一项调查里面让我们比较惊讶的是人们对于电动车价格的期望。我们已经讲到很多电动车的价格确实比较昂贵，主要是因为有政府的补贴才使得实际售价没有那么高。有政府的大力鼓励，我们整个行业才能快速地发展。我们所做的一切努力，一方面是在政策端，另一方面是行业端，包括环保部门所做的努力，确实在不断地提升消费者的意识。

从长远的角度来说，纯电动车将会在竞争中获胜。当然，混合动力车型的表现也是比较强劲，但电动汽车不会完全取代传统的燃油车，电动车的份额会增加。而采用内燃机的传统车的市场份额将会持续下降。中国的情况跟全球的情况比较类似，到 2025 年，中国汽车市场中电动车的份额将会持续增加，而且会超过世界平均份额。

对于我们公司来说，我们也在持续发展电气化的过程中，并不是简单地将一个配件装到车里就行，而是要采用系统性的思维去思考怎样应对电气化所带来的挑战和机遇。我们希望能提供一个全新的解决方案，包括内燃机、电动传动系统、动力总成控制器，以及电池系统和充电方案等，充电是充满挑战的领域。此外，能量及热管理系统在电动车方面会有大量的能量被释放出来，必须要管理好这个能量，这其实也给我们提供了巨大的机会。我们有一些重点的技术和产品是关于电机的，关于方方面面的零部件以及解决方案，比如涡轮增压器，电加热催化器等。

我们期待电动汽车市场的表现，我们也在不断地推动研发进程。对于此，每个人都有责任，政府要推动一些鼓励政策落地，我们希望给中国市场带来更加安全、更加绿色的产品。

嘉宾简介

Grégoire Cuny

拥有法国图卢兹国立综合理工学院工程学士及工程硕士学位，并于2000年以软件工程师的身份开始自己的职业生涯。

2004年，在西门子威迪欧及大陆集团动力总成事业部的工程、项目管理，以及其他多个职能部门担任职务，先后服务于发动机管理系统业务单元及变速器控制业务单元，工作地点位于法国、韩国。

2010—2014年，担任大陆集团变速器控制业务单元亚洲区业务发展总监，同时负责管理变速器控制业务单元日本分部。

2014年7月出任大陆集团变速器控制业务单元亚洲区副总裁，2018年6月出任大陆集团动力总成事业部中国/韩国区副总裁。

履行 EPR　落实 LCA　共建共享新能源全生命周期价值链

张宇平
格林美股份有限公司副总经理

今天主要是报告如何履行生产者责任延伸制（EPR），落实动力电池全生命周期管理（LCA），共建共享新能源汽车全生命周期价值链。

先谈谈我对 EPR 和 LCA 的认识。我之前做电子废弃物管理，我们国家在生产第一台电视机 50 年之后才真正开展环保回收处理。实际上是以电子废弃物为契机和借鉴，国家开始抓新能源汽车产业的全生命周期管理。这个有点类似环保的“三同时”：同时设计、同时施工、同时使用。在生产汽车的同时，不考虑回收利用是不符合资源节约和保护利用的。新能源汽车的投资都很大，各界高度关注整车的制造、电池等各个零部件的制造，但实际上，回收利用环节必不可少。从最近几年的政策来看，及时出台动力电池回收管理，这是一个伟大的开端，也是一个必然的趋势。在座很多人都没有特别去了解回收利用怎么来做，实际上，动力电池回收利用相关的政策标准非常之多，昨天晚上的微课堂专门分享了回收利用的政策并进行解读，刚才黄总也做了一些标准政策介绍。政策原文大家都可以从网上查到，而我今天重点介绍的是，这个政策实施以后我们具体应该怎么做，尤其是 2018 年 8 月 1 日起两个文件生效，一个是管理暂行办法，一个是溯源管理规定。

格林美从事废电池回收已有15年，我们是从收破烂开始的。收破烂也不是简简单单把东西收集过来处理一下，而是把战略稀缺金属资源进行再利用，从回收小小的干电池、充电电池、动力电池，到现在成为全世界最大的电池材料循环企业。

我们一直着力打造价值链，格林美的原材料全是废料，从材料再造到电池再造，再到动力电池包装配，以及后续的梯级利用，这个产业链正在布局，始终围绕的核心就是把整个废电池变废为宝，让在电池里面的关键稀缺的元素真正循环起来。价值链的建设对于新能源汽车产业是非常有意义的，汽车企业是回收责任的主体，今后都要履行谁生产谁负责、谁污染谁付费的第三方治理。对生产企业而言，必须要找一个靠谱的回收利用企业来承接这项工作，要求各企业必须考虑产品在其全生命周期中是不是安全的。

现在新能源汽车产业最大的问题是消费者买不买账的问题，说到底就是产品可不可靠。我们所有产品最终要落实在消费者真正的需求上，消费者愿意买单，整个价值链就流动起来，消费者不买单，我们就是造了一大堆垃圾产品，产业就没有办法发展。因此，整个价值链就是责任链，需要每个环节都出精品。格林美做这个价值链的出发点主要是考虑到前端原料消耗占全世界每年电池材料四分之一的钴和镍，目前我们的回收规模已经做到六个世界最大，比如钴粉、镍粉等。

对于全世界新能源材料的五大供应链，我们已经进入了两个，与三星、CATL、松下、比亚迪、LGC都在开始进行相关的合作。我们建立了最大的动力电池回收体系，可以囊括各个产业链的布局，已与超过一百家的车企和电池厂达成了合作。

对于很多企业来讲，可能会担心动力电池回收利用的问题。可以说，动力电池储存很关键、运输很关键，收集也需要公开透明，整个过程需要进行信息化溯源管理，后端处理也需要提高资源利用率和重视绿色环保。

大家还会关心自己的电池要不要付费处理，总体来说，大部分基于残值或者梯级利用还是能获得部分回报，但对于纯粹的报废料，它的材料价值很低，不一定能够覆盖回收处理的相关成本，就需要生产者付费了。但从全生命周期信息管理角度来要求，生产者交付的废品得到了什么样的处理，可以通过我们建成的全流程的可追溯化系统看到。

在退役动力电池进入回收环节后，我们会有拆解 MES（Manufacturing Execution System，制造企业生产过程执行系统），还有仓储系统 WMS（Warehouse Management System，仓库管理系统）。格林美大概有6000个摄像头进行全流程的监管。我们借鉴电子废弃物最完备的管理，废物从入场开始就建立二维码管理系统，从拆解、仓储到出库进行全流程追踪。

我们在去年无锡、武汉投资建立了国内自主的动力电池无损拆解线，拆解的目的是为了判断能不能做梯级利用，如果不能做梯级利用，只能做后端再生处理，如可利用则将电池的检测重组做成梯级利用产品。

我们在武汉有一个动力电池包的制造线，在梯级利用开发方面，我们也进行了探索。我们做了1MW的电站，可以对动力电池进行混搭，三元锂电池、磷酸铁锂电池都可以组合，这个技术解决了动力电池市场电池类型比较乱的局面。我们还研制了电动车、低速电动车、叉车、工程车的梯级利用。现在的制约因素包括：第一原料不足，很难从市场上收到大规模的电池包；第二是市场需要提供批量化制造产品，但受制于原料来源和数量的问题还没有解决办法，因此当前我们如果回收的电池包越多，出货的价格越高。

对于新能源汽车的应用，由其所有的电池包厂进行自主维修肯定是有问题的。无论汽车开到哪个城市，都必然需要配套服务，动力电池包出现问题，目前需要一个星期才能解决问题。如何按照消费者的快捷要求来解决问题，就一定要尽快建立好各个城市的后维护市场。我们也跟车企和电池厂在进行合作，这就能够解决消费者的难题，减少抱怨。

电池经过拆解以后还要关注怎么处理，最终电池的报废一定要进行破碎处理。我们在湖北荆门有处理线，可以把之前的干电池和手机锂电池进行一站式处理，打成粉末进行分离，再进入后端材料再造，合成新的三元前驱体，这样就把整个动力电池材料打通了。

通过全生命周期价值链，整个动力电池可以实现完整的“吃干榨净”，里面的贵金属也可以提取出来。钴、镍材料价格昂贵，而动力电池回收似乎很容易，或者看上去很美，其实不是这样的。在目前环保政策的严格管控下，动力电池回收企业不是哪个地方都可以落地的，也不是谁都可以随随便便做好。我们不单做材料制造，同时还把后端污水处理厂、固废处理中心都打通了，这个投资很大。任何一个项目的落地投资都很困难，运行期间一定做到完全符合环保排放要求，甚至达到超低排放，如果做不到这一点，是很难生存的。

我们自己建了环境管理监控系统，可跟环保局联网。做环保行业的底线就是千万不能再带来二次污染，这非常重要。

另外就是回收方面，也不是说很简单就能做，比如说需要危险化学品许可证、道路运输资质都要符合管理要求。企业想进入国际供应链还要得到大客户的认证，还要具备很多其他的竞争优势，比如分析、检测能力等。

目前，国家在鼓励试点，也希望能够通过企业之间竞争探索商业模式，我们希望与大家共建全生命周期价值链，通过废料换产品，通过与大企业的合作，保证废料不会流向小作坊，不会出现游击队打败正规军的怪象。

最后简单介绍一下公司，我们成立之初的理念是资源有限、循环无限，着力解决资源不足的难题，我们目前投资约100亿元在全国建了16个产业基地。实践证明，格林美实现了中国资源可以在垃圾里面循环配置，处理废物也是不容易，所以一定要用高新技术解决各种各样的麻烦。我们也在联合国发起了全球废旧动力电池处理联盟，在达沃斯世界经济论坛获得了全球循环经济奖。欢迎大家到格林美考察，希望我们一起联手解决绿色发展问题。

嘉宾简介

张宇平

工学博士，格林美股份有限公司副总经理。主要研究方向为再生资源循环利用，具体包括动力电池、电子废弃物、报废汽车、危险废物环保处理技术研究等。任中国互联网+资源循环利用产业促进联盟副理事长，中国再生资源回收利用协会专家、中国环保产业协会循环经济委员会专家，中国资源强制回收产业创新战略联盟专家等。曾承担国家“十二五”科技支撑计划、科技部国际合作专项，环保部公益性科研专项、国家发改委重大产业技术开发专项，省级科技重大专项等重点项目。发表论文 20 余篇，授权专利 40 余项，其中发明专利 10 余项，国际 PCT 专利 2 项，参与的技术成果获得过国家信息产业重大技术发明奖、中国专利优秀奖、中国资源综合利用科技一等奖、国家重点新产品、国家环境保护科学技术进步奖等荣誉。

INTERNATIONAL FORUM (TEDA)
ON CHINESE AUTOMOTIVE
INDUSTRY DEVELOPMENT
2018 泰达汽车论坛集萃

12 无人驾驶　重构交通

近年来，无人驾驶技术已经成为世界车辆工程领域研究的热点，被视为汽车工业增长的新动力，很多发达国家都将其纳入到重点发展的技术领域。无人驾驶技术通过车载传感系统感知道路环境，可以实现自动规划行车路线并控制车辆到达预定目标。有研究机构评估，无人驾驶汽车普及后，一般公路的容量将会在目前的基础上提升 30%，高速公路的容量将在目前的基础上提升五倍，不仅节约社会投资，还可以显著降低交通事故的发生率。未来，无人驾驶技术将重构传统的交通生态，进而会对整个汽车产业的发展产生变革性的影响。

推进交通设施智能化推进自动驾驶技术应用

王东柱
交通运输部公路科学研究院国家智能交通系统工程技术中心副总工程师

我今天跟大家交流一下自动驾驶和交通的关系，我的发言题目是“推进交通设施智能化推进自动驾驶技术应用”。

自动驾驶汽车是在普通汽车基础上增加先进的传感器、雷达摄像控制器设备，使车辆具有感知能力，自动分析车辆安全状态和危险状态，按照人的意志到达目的地，最后替代人的操作目的。美国智能交通体系框架将智能交通系统分成了车、路侧设施、出行者和后台中心四个组成部分，车辆是其中重要的组成部分，也就是交通系统的一个组成部分。中国智能交通体系框架的定义基本也是相似的，通信部门出台的智能体系框架也是类似的定义。美国新出的智能交通体系框架8.1版本，强调合作的理念，即车和路合作、车和基础设施合作、车和后台中心合作。合作的概念最先出现在欧洲智能交通系统（合作智能交通系统），美国把合作体现在智能交通体系框架中，新一版的智能交通体系框架与传统框架不同的地方在于特别强调交通系统中基础设施发挥的作用，把基础设施放在了中心的位置。

自动驾驶在交通中的应用，主要有以下几条：第一，自动驾驶技术是全球当前新一轮科学技术的重要领域，对于提高交通效率、减少环境污染、缓解交通拥堵、提升车辆安全具有十分重要的作用，它将会激励和带动道路运输模式的改革和创新。自动驾驶汽车是先进辅助驾驶汽车的高级形态，自动驾驶新技术将带来交通传统模式的变革。现在的交通基础设施设计，包括道路标志标线都是基于人工驾驶设计的。自动驾驶的出现对于传统交通理论、车辆基础设施、交通安全、法律法规都将带来前所未有的改变。

现在，行驶中车辆之间安全的跟车距离是100~200m，未来车辆之间的跟车距离或许是2~5m，现在高速公路的车道是3.75m，如果完全自动驾驶，可以按照2.5m去规划车道宽度，现在的四车道完全可以变成六车道，这将使未来交通系统产生非常根本性的变化，实际通行效率和通行能力将会得到大大的提升。

自动驾驶也面临着一些问题，包括法律法规、价格昂贵等，比如20万元的车需要200万元的辅助驾驶装备，复杂的交通环境给传感器识别带来很大的困难，对人工智能水平要求非常高。此外，系统的安全性、稳定性也存在问题，难以满足实际交通的要求。我们认为高速公路是自动驾驶最好的特定场景，环境比较简单，通过目前传感器可以很容易识别，可以绕开自动驾驶发展目前遇到的瓶颈，起到弯道超车推进自动驾驶实际应用的作用。自动驾驶车辆在道路上的实际行驶需要道路基础设施的支撑，道路基础设施的智能化升级改造可以满足自动驾驶车辆的需求。比如通过建设通信设施，采用车路协同技术辅助控制车辆完成自动换道，降低安全风险，使车辆在整个车辆交通系统和路网中间平滑运行，最大限度地提高效率，降低排放。

从交通的角度来看，自动驾驶发展分为四个阶段；车辆辅助驾驶阶段、自主式自动驾驶阶段、车路协同式自动驾驶阶段和大数据自动驾驶阶段。现在很多车辆都具备车辆辅助驾驶功能，包括自适应巡航（ACC）和自动泊车等；自主式自动驾驶阶段是完全依靠车辆自身的传感器和决策单元进行自动驾驶；车路协同式自动驾驶通过车路协同获取周边设施和中心传来的信息进行自动驾驶，包括信号灯的自动识别、周边车辆的自动识别和协同等，车路协同自动驾驶需要通信设施对车辆的支撑，雷达可以判别距离，车路协同可以感知路网的信息，可以根据路网制订驾驶行为来确定驾驶路径；大数据自动驾驶是在上面的基础上使自动驾驶车辆获取更多的数据信息。

车路协同式自动驾驶是目前重要的发展方向，在通信基础设施支撑的基础上，实现信息决策、路径规划、车辆完全控制，甚至在通信实时性和可靠性的前提下，对车辆进行直接接管和控制，可以提高机动性，并且与智慧城市相结合，成为智慧城市的组成部分。通过车路协同，车辆可以成为大数据的重要来源。交通运输部今年推进智慧公路建设，已经确定九省市作为智慧公路建设的试点，其中就把基础设施数字化、一体化、北斗定位、大数据路网管理的新一代综合控制网作为智慧公路的重点，这在九省市已经逐步开展。智慧公路近期和远期一个重要的目标就是要支持自动驾驶。

从交通基础设施、通信基础设施和数据基础设施对自动驾驶的支撑来看，交通基础设施可以通过提高路面的可检测性、标识标线的可检测性、危险区域路段可检测性等来支撑自动驾驶的应用。自动驾驶对于未来基础设施的影响和需求是一个长期的过程，将通过不断的实践积累进行完善。

通信基础设施有 LTE-V、DSRC 和 5G 技术，这些通信技术为车路协同自动驾驶的应用打下了良好的基础。大数据云控平台改变现有高速公路传统三级的控制中心的架构，以云控平台加边缘计算相结合，充分利用现有的通信基础重构现有交通控制中心和数据中心。

此外，基于高精度定位建设和高精地图建设，为自动驾驶和车辆出行和交通管理者提供服务。交通运输部推进 BIM 技术在“建管养”中的应用。基于车辆运行信息、实时的交通信息、环境的信息等数据信息为自动驾驶在我国实际道路上的应用提供了有力支持。总之，自动驾驶技术和交通相结合才能解决交通面临的问题，同时也将推动自动驾驶技术的应用。

嘉宾简介

王东柱

教授级高工，长期从事智能交通物联网、车路协同、智能数据处理等领域的研究和开发工作。主持或参与多项国家及省部级重点科研项目。他曾获中国公路学会和北京市科学技术一等奖3项、二等奖2项，交通运输部公路院“科技创新标兵”称号，拥有专利授权22项，其中发明专利15项。他负责及参编国家标准6项，发表论文41篇。2014—2015年为美国德州大学奥斯汀分校交通研究中心访问学者，从事车联网、自动驾驶等新技术的交通应用研究。

智能驾驶汽车的发展与探索

张杰

长安汽车智能化研究院总工程师

我代表长安汽车分享一下智能汽车的发展和探索，分享内容从以下几个方面展开，第一是智能驾驶对未来交通以及整个社会的影响；第二是智能驾驶的发展瓶颈；第三是长安汽车的智能驾驶探索；最后是智能汽车的应用场景和落地时间。

一、智能驾驶对未来交通以及整个的社会的影响

每年全球有120万人死于交通事故，其中94%与人的因素有关。随着智能驾驶时代来临，不仅将大大降低交通安全事故，交通拥堵还会不同程度地缓解、环境消耗、环境污染。同时，发展智能驾驶已经是深化供给侧结构性改革、实施创新驱动发展战略、建设现代化强国的重要支撑。

众所周知，共享出行正处于整个行业的发展关键期。线下运营成本非常高，智能驾驶车辆可以实现自动导航到指定区域，通过分时租赁，用户可以自主取车、还车，可降低物流运输行业驾驶员成本高的问题。从相关的数据可以看到，到2025年，我们预测美国共享出行产业收益是262亿美元，通过利用生产率，减少交通事故，节省燃料、缓解交通等，给整个社会带来的收益是一万亿美元，从以上来看，整个智能驾驶对于未来交通，对于整个社会，

意义都是非常重大的。

二、智能驾驶核心技术和发展瓶颈

核心技术就要解决两个问题，一是我在哪儿，我周围有什么样的人，第二就是去哪儿和怎么去。为了解决这两个问题，要有三大系统进行支撑，主要是环境感知系统、决策控制系统和执行系统。环境感知系统实际上是智能驾驶的眼睛和耳朵，当机动车和非机动车识别人和目标时，传感器就是雷达、GPS 等。决策控制系统是智能驾驶大脑，根据收到的传感器信息、车辆状态信息进行目标选择、状态判断、衡量和纵向控制，最后通过合理可靠的算法实现对车辆的自动控制。如何做到对车辆进行稳定可靠的控制，这就需要自动驾驶级别达到 L3 以上。

智能驾驶汽车的发展瓶颈很多。当前，激光雷达、高精地图和定位在整个产业链发展上还不是很成熟。以激光雷达为例，目前只有一家是已经量产，但是在测试当中也发现一些误报或者漏测的情况，Google 和百度采用机械旋转雷达，成本很高成为应用的主要弊端。

依照现行的道路交通安全法条例，如果在驾驶过程当中，驾驶员双手不接触方向盘是违法行为，这与智能驾驶的实现存在冲突，还是有待于法律法规的进一步完善。交通设施维护和智能驾驶的需求存在很大的差距。三四线城市出现道路不清晰、标记不统一等现象，将给智能驾驶的普及造成很大的困扰。

现在，人车共驾也存在很大的挑战，就是什么情况下是属于驾驶员模式，什么情况下属于自动驾驶模式。对于接管提醒，什么情况是比较可靠等。因为受众群体是不一样的，所以人车共驾技术还需要进行深刻的研究。

另外，当前全球的生产商没有足够的经验，我们需要进一步关注研究，更多是通过分析限定系统功能的边界，以及采取相应的安全措施，不断去减少或者缩小未知不安全情景以及已知安全情景。随着车联网数量的不断增加，信息安全和网络安全已经受到大家的重视。

三、长安汽车的智能驾驶探索

长安在智能驾驶的探索，主要是产品转型。产品转型就是从传统汽车向智能化和新能源转型。智能驾驶是三大技术（智能化、电动化、网联化）非常重要的领域，长安已经处在L3发展阶段，已经确定技术路线，突破一些多元异构传感算法，包括局部路径和规划算法，并转入量产开发，预计2020年下半年上市，L4处正处于试运营阶段，预计2025年实现量产。

四、智能汽车的应用场景和落地时间

我们认为智能驾驶汽车应用场景和落地时间，一是高速智能驾驶，能够实现比较结构化的道路，不会出现车道不规则等情况；二是解决一公里自动泊车，方便取车的场景；三是在L4技术比较稳定的情况下，在城区实现道路的共享出行。

最后，根据智能驾驶覆盖区域推断，L3技术集中上市时间是在2020～2021年，L4的大规模量产是在2025年。

嘉宾简介

张杰

现任长安汽车智能化研究院总工程师，长安汽车智能网联特聘专家。

曾任威马汽车智能系统总监、大梦科技副总裁、上海博泰技术副总监。

半导体助力自动驾驶产业发展

徐辉
英飞凌科技汽车电子事业部副总裁及大中华区负责人

近年来，汽车行业的创新更多是由汽车电子的发展促成的，在这个过程中，半导体企业必须在半导体层面先实施技术，再运用到系统中，最终在整车当中实现。

从目前来看，节能减排、高级辅助驾驶（ADAS）、车联网和信息安全都是汽车行业必然的发展趋势。现将观点总结如下：

第一，零排放是必然能够实现的。未来，随着新能源汽车的崛起和迅速发展，在汽车产业发展过程中，零排放一定会实现。

第二，自动驾驶一定会实现。未来驾驶员都能变成乘客。

第三，虽然很多新兴从业者和专家加入汽车行业，但车还是车，车将以最安全最可靠的方式将乘客从 A 点送到 B 点。

从自动驾驶的技术执行层面分成三层：一、本身车辆的控制动力，能够用自动化的形式体现；二、传感器能够实现自动感知周围物体和环境；三、车的数据处理和决策可以自己进行决策和控制整车架构。当然，最重要的是整个自动驾驶过程必须是安全可靠的，而信息安全保护也必须实现。在技术原理层面来讲，看似比较简单，但是为什么实际运用中对自动驾驶的技术要求很高？无非是因为在今天，驾驶人仍然扮演着最终后备系统的角色。即在 L1

和 L2 的阶段，最终的决策者是驾驶人，在驾驶的过程中，驾驶人需要全身心投入，双手、双脚、大脑都是无时无刻在操作的。而自动驾驶 L4 和 L5 的目标，都是驾驶人能不再做这个后备的方案，车可以完全自主地做出最后的判断和决策，而且所有的过程都是安全、可靠的。目前来看，这个挑战还是非常大的。

如何真正把驾驶人解放出来，让驾驶人变成一个乘客，首先是解放双脚。汽车分成传统动力汽车和新能源汽车，传统动力汽车除了要做节能减排工作之外，还需通过半导体技术和电子技术让汽车发动机控制系统做到更安全、更可靠。目前，英飞凌最新推出的微处理器架构，能够提供更高效率、更高性能的产品，可更高效地实现自动驾驶功能。

新能源汽车不管是从电机控制角度，还是整车的控制角度，都要做到最安全、最高效的管理系统。解放双手的过程是非常重要的，在自动驾驶过程中，EPS 的安全可靠十分关键，它是驾驶人能真正解放双手的体现。所以要在整个过程中做到安全可靠，系统的绝对安全性和多样化设计是前提。

怎么真正让传感器的技术取代我们的双眼，就是用更多和更好的传感器技术，一步一步实现代替驾驶人双眼的功能。同时还需要有新技术的加入，比如激光雷达技术等。在此过程中，一定是各种传感器的技术融合，而不是某一种传感器去做所有的工作。目前更多的是摄像头和长距、短距雷达在执行传感的功能，未来激光雷达工艺成熟之后，更多种的传感器相结合，将真正做到 360 度环绕系统，真正取代人类双眼的功能。

最后是解放我们的大脑，需要传感器融合技术和整个主控单元的融合，同时需要借助更多合作伙伴的帮助。英飞凌在努力推进这方面的工作，同时也和各个行业的领军企业携手合作，希望能够进一步推进技术的发展。我们与百度、英特尔、英伟达等科技公司合作，融合合作伙伴领先的思想、技术和数据等，以更快地实现自动驾驶技术的实施。

借助一个关键词，今年不仅是改革开放四十年，也是习近平主席提出“一带一路”指导方向的第五周年，在这五年，大家也看到习主席是亲自带领全国人民在“一带一路”过程中，把“一带一路”思想从一个愿景变成一个现实，同样，相信我们汽车人也能真正把自动驾驶从一个愿景一步一步变成现实。

嘉宾简介

徐辉

2012 年加入英飞凌，现担任英飞凌科技（中国）有限公司副总裁及汽车电子事业部大中华区负责人，全面负责汽车电子事业部在中国大陆、香港和台湾地区的业务。

徐辉在美国和中国积累了超过 20 年的丰富经验，特别是在汽车行业，因此她对销售、市场、研发、项目管理，及生产运营拥有丰富经验，并对组建高效团队有着独到的见解。

徐辉拥有美国密歇根州沃尔什学院工商管理硕士学位、奥克兰大学机械工程硕士学位和凯特林大学机械工程学士学位。

信任造就智能出行

张玺
维宁尔亚太区销售、市场及产品规划副总裁

维宁尔源自瑞典奥托立夫。为了更好地发展主动安全业务，去年从奥托立夫拆分出来。大家应该非常熟悉奥托立夫的被动安全产品，其实我们在主动安全产品上的投入也已超过 20 年，在 1998 年我们已经投产了第一代长距离雷达，去年更是帮助我们的客户取得了 ENCAP 唯一一个 AEB 三项全满分的骄人成绩。在自动驾驶领域，维宁尔和它的合资公司投入了超过 1000 人的团队和全球领先车企合作开发自动驾驶系统，将于 2021 年大规模量产。今天非常荣幸能够分享维宁尔对自动驾驶系统的规划和在国内的实践。

维宁尔（中国）成立的初衷，正是顺应中国产业发展的趋势，并以用户安全为己任，致力于开发可靠并值得信任的自动驾驶解决方案。2018 年 1 月 5 日，国家发改委推出《智能汽车创新发展战略》，目标是 2020 年在华销售上市新车的 50% 都是智能汽车，所以未来中国市场上汽车智能化将是必然趋势。

智能车辆发展的核心始终是保证安全。根据欧洲 NCAP 官网公布的统计结果，仅仅在装配 AEB 功能后，全球每年就可以减少 38% 的追尾碰撞事故。

ADAS 功能的大规模普及和智能驾驶技术的发展，必将极大地降低事故率，使出行更安全，更轻松。维宁尔源于著名的安全系统供应商奥托立夫，安全、值得出行者信赖的自动驾驶技术一直是维宁尔的发展目标。

中国正在打造全球最大规模的智慧交通体系，新体系将集成无人驾驶、智能互联、卫星导航定位、新能源等先进技术，使人、车、路密切配合达到和谐统一，极大提高交通运输效率和能源利用效率，保障交通安全。

建立智慧交通体系的过程是漫长的。1994 年瑞典政府与车企就已经提出了“零伤亡愿景”计划，旨在实现道路交通系统零死亡并减少严重伤害。经过 20 多年的努力，瑞典已成为世界上交通事故死亡率最低的国家。2013 年，瑞典平均每十万辆机动车死亡人数仅为 6 人，而同年中国平均每十万辆机动车死亡人数则是 201 人。

来自瑞典的维宁尔也参与了“零伤亡愿景”计划。其开发主被动安全产品、智能云服务以及开发中的无人驾驶方案正为了实现该愿景而作的不懈努力。维宁尔也希望将先进的主动安全技术带入中国，与政府和车企进行紧密的合作。

美国汽车工程师学会（SAE）将自动驾驶从 L0 到 L5 分了 6 个等级。其中，L1 系统的代表性功能有 LDW（车道偏移报警），AEB（自动紧急制动），ACC（自适应巡航），国内主要整车厂都已经投产了基于雷达和摄像头的 L1 方案，2018 年 CNCAP 也加入了 AEB 测试。

L2 系统的代表性功能主要有 TJA（交通拥挤辅助），HWA（高速公路驾驶辅助功能）。新的功能对融合算法提出更高的要求，给消费者提供更舒适安全的驾驶体验，维宁尔为国内车企开发的交通拥挤辅助系统会于今年下半年量产。

L3 系统解放了驾驶人的双眼，对整车的安全性设计提出了新的挑战，需要主动安全域控制器、更多的雷达和摄像头、驾驶人监控系统及控制系统冗余设计。维宁尔正在为国内车企开发的拥堵路况自动驾驶系统会于 2020 年量产。

L4 系统相对于 L3 系统是一个质的飞跃，人工智能和激光雷达会普遍应用于 L4 系统，维宁尔和它的合资公司致力于 L4 系统的开发。

为了实现自动驾驶，维宁尔已经完成了完整的产品布局。产品线覆盖了智能前视、驾驶人疲劳检测系统、77G 毫米波雷达、主动安全域控制器、高精地图定位和地图数据管理模块、激光雷达、V2X、夜视系统和被动安全系统。维宁尔和我们的合资公司 Zenuity 致力于深度学习算法、无人驾驶决策执行和云服务。

自动驾驶涉及各种高新技术的融合，从驾驶辅助到自动驾驶，维宁尔正与相关产业领导一起建设自动驾驶的生态圈。维宁尔的产品线，将全面覆盖驾驶辅助到自动驾驶功能。

中国特殊的道路情况是自动驾驶必须克服的挑战。

首先是电动自行车，中国电动自行车保有量超过 2 亿辆，行驶速度快，经常抢占机动车道，国内 2 轮/3 轮车引发的事故在所有交通事故中的占比超过 50%。这是自动驾驶需要攻克的难题。

中国的城市交通拥挤也导致了加塞，实线变道频繁。照搬在欧美定义的安全跟车距离会增加被加塞概率，可能导致更高的风险。

雾霾也是中国常见的环境现象，在有限的可视距离下，即使驾驶人的注意力在前方车道，客观上也失去了接管的能力。在这里科普一下高速公路上的移动隐形杀手——团雾。进入团雾后，可视距离会瞬间降低到 50m 以内。2017 年公安部公布的高速公路团雾多发路段有 2955 处。我们需要高精地图、雷达定位和智能网联云服务来应对这种高危场景。

为了满足以上中国特色的道路环境，维宁尔投入了大量本土工程资源建设了数据中心，分阶段优先在高速公路的设计场景中实现 L3 自动驾驶。

自动驾驶落地的另一个挑战是可靠性、安全性的验证难题。

大家经常听到对自动驾驶车辆安全设计目标是每小时 10^{-9} 致命事故发生率，是驾驶辅助系统的安全设计目标的 1000 倍。10^{-9} 的安全目标是个什么概念呢？即日均开车 1 小时，100 万辆自动驾驶车辆一年发生致命事故的次数可以控制在 4 次以内。

为达到上述安全设计目标，按照传统车辆的测试方法，需跑 110 亿英里路试才能验证可靠性。这是一个不可能实现的目标。整车的安全设计和验证架构需要变革。

维宁尔建立了以场景数据库为基础，结合道路数据采集，模拟仿真场景在环测试，道路测试对整车感知、决策、控制进行分层设计与测试。通过这套体系可以满足自动驾驶的安全设计目标。

维宁尔会将该体系应用于正在开发的中国自动驾驶量产项目。

大家都知道2018年3月Uber和特斯拉都发生了自动驾驶车辆致死事故。

美国汽车协会在2018年3月做的美国民众对自动驾驶的信任调查显示，民众的不信任度相比2017年12月提高了10%。四分之三的美国人不敢乘坐自动驾驶车辆。

自动驾驶正遭受着信任危机，消费者无法像我们一样对SAE分级烂熟于胸，各个车企的报警接管策略也没有统一规范。驾驶人需要一定的学习时间来建立对自动驾驶汽车的信任，同时自动驾驶汽车也需要通过驾驶监控系统来确认驾驶人的状况来制订安全策略。维宁尔正在构建的Liv平台，由驾驶人信任评估系统、自动驾驶系统和智能网联组成，使人、车、路密切配合，达到和谐统一。目前已经更新到Liv2.0，在今年4月的展示中取得了国内整车厂很高的评价。维宁尔希望Liv平台能助力中国智慧交通的建设。

嘉宾简介

张玺

2008年加入奥托立夫被动安全担任项目经理，曾任奥托立夫中国工厂经理及奥托立夫中国区销售总监，并于2017年1月加入奥托立夫中国电子，担任中国区销售总经理。

在奥托立夫11年的职业生涯中，他曾分别担任过工程、项目管理、运营和销售的工作。在加入奥托立夫之前，他曾就职于天合汽车安全系统和大陆汽车。

张玺拥有上海海事大学机械与自动化学士学位、同济大学法国路桥学院国际管理MBA学位，并获得同济大学汽车管理硕士学位。

13

共享汽车发展之路 前景无限或荆棘丛生

在“互联网 +”大背景的影响下，共享经济快速兴起。分时租赁、顺风车、网约车等新兴的共享汽车模式也不断涌现并得到初步发展。随着无人驾驶等先进智能网联技术的不断发展，无人驾驶 +共享汽车有可能成为未来巨大出行需求的最佳解决方式。从这个角度看，共享汽车市场具有广阔的发展空间和潜力。

但是目前来看，资本重、运营重、营销重的共享汽车市场面临着诸多问题，投放规模和便利性不足。由于缺乏用户管理机制和信用认证，短期内盈利困难，已有友友用车、EZZY 等共享汽车运营企业倒闭。从这个角度看，共享汽车市场的发展路长且难，布满荆棘。

“大浪淘沙”之后，共享汽车将会走向辉煌还是暗淡？背景不同的专家存在着不同的看法。本节会议将通过双方的激烈讨论探索答案。

主持人

赵福全

清华大学汽车产业与技术战略研究院院长

赵福全，国家“千人计划”特聘专家，清华大学汽车工程系教授、博导，汽车产业与技术战略研究院（TASRI）院长。目前主要从事汽车产业发展、企业运营与管理、技术发展路线等领域的战略研究。他在美日欧汽车界学习、工作近 20 年，曾任美国戴姆勒 — 克莱斯勒公司研究总监（Research Executive）。2004 年回国，先后担任华晨与吉利两家车企的副总裁。

赵福全于 2013 年 5 月加盟清华大学。现任世界汽车工程师学会联合会主席（2018 ~ 2020），世界经济论坛（达沃斯）未来移动出行理事会理事，美国汽车工程师学会会士，中国汽车工程学会首届会士、理事长特别顾问、技术管理分会主任委员，英文杂志《汽车创新（Automotive Innovation）》创刊联合主编，中国汽车精英智库联合执行主席，中国汽车人才研究会副理事长，以及多个地方政府及多家企业的首席战略顾问。

赵福全作为节目主持人与凤凰网共同创办了凤凰汽车《赵福全研究院》高端访谈栏目，迄今受访的汽车行业领袖及知名企业家 40 多人次。赵福全主持开发过近 20 款整车及 10 余款动力总成产品，主导完成了各类重大战略及管理咨询项目近百项，拥有授权发明专利 300 余项，已出版中英文专著 8 部（其中两部英文专著已被译为中文），发表中英日文论文 300 余篇，在主流报刊媒体上发表产业评论一百余万字，在重大论坛上发表主题演讲 200 余场次，获得包括中国汽车报年度人物、改革开放 30 年中国汽车工业杰出人物、《21 世纪经济报道》年度自主创新人物、中国经济网汽车行业年度人物等各类重大奖项 30 余项。

嘉宾

秦岭

GoFun 出行首席营销官

秦岭，具有在汽车行业超过20年丰富的管理经验，先后在福特汽车、大众汽车中国总部及其合资公司担任市场营销及新零售管理工作，目前在GoFun出行担任首席营销官（CMO）。

在移动出行公司、汽车厂家和在经销商集团都担任过中高级管理工作，尤其在以下领域有独特见解和实践：汽车新零售及移动出行、品牌营销、渠道运营及战略规划、经销商运营。

蒋齐

盼达用车副总经理

蒋齐，具有三年投资咨询经验，为国际纸业、王子制纸等企业提供咨询服务；连续创业，发布的产品有“随叫租车”“达达租车”“舒坦坦”等；现任盼达用车副总经理，负责创新和服务重构。

赵健

易开出行首席战略官

赵健，易开出行首席战略官（CSO）、中国恒天新能源汽车有限公司副总经理，曾就读于中国社会科学院法学专业、香港中文大学金融 MBA 专业。赵健先生有多年新能源汽车行业从业经历，在新能源汽车核心零部件企业、整车企业以及分时租赁企业都担任过领导职务。

杨洋

易微行（北京）科技有限公司董事长兼首席执行官

杨洋，易微行（北京）科技有限公司董事长兼首席执行官（CEO）。2002年，任联想 FM365 产品设计经理，主导完成了 FM365 用户中心和客户端设计。

2003 年，他创办数字英才网，担任联合创始人兼副总裁，负责产品规划和数据分析。

2013 年，他创办易微行科技，担任董事长兼 CEO，当年完成 7300 万元天使融资，2016 年得到美国通用汽车的投资，成为通用汽车全球第 12 家合资企业。

古惠南

广汽新能源汽车有限公司总经理

古惠南，现任广汽新能源汽车有限公司董事、总经理。从事汽车行业工作31年，先后在广州标致、东风本田发动机、广汽丰田发动机、广汽乘用车等公司工作。2007年始，他参与广汽自主品牌项目建设，现正带领广汽新能源汽车团队，致力于提供世界级移动智能新能源产品和服务，引领智慧绿色出行新方式。

他在整车和动力总成制造技术方面具有丰富的经验。拥有多项发明专利，并获得了“中国汽车工业科学技术奖”“中国汽车工业科技进步奖”。

程世东

国家发改委综合运输研究所城市交通运输研究中心主任

程世东，国家发改委综合运输研究所城市交通运输研究中心主任、博士，主要从事城市和城市群及综合交通领域的发展战略、规划、政策研究。近十年以来，他负责主持和重点参加了80多项国家、地方和国际合作项目，多项成果获省部级科技进步奖，积累了丰富的专业知识和管理组织经验，共参与出版10部学术著作，在国内外重要学术杂志、报刊发表了100多篇学术论文。

吴洪洋
交通运输部科学研究院城市交通与轨道交通研究中心副主任

吴洪洋，现任交通运输部科学研究院城市交通与轨道交通研究中心副主任、研究员，美国《Transportation Research Part A：Policy & Practice》（SCI 检索）审稿专家，中华环保基金会绿色出行专项基金管理委员会主任，中国公路学会城市交通分会副秘书长，中国交通运输协会共享出行分会专家委员会常务副主任，全球环境基金（GEF）交通领域专家库专家，国家节能中心专家库专家，交通运输部科技项目评审委员会专家。

王云石
美国加州大学戴维斯分校中国能源交通中心主任

王云石，中美新能源汽车政策实验室美方负责人及美国加州大学戴维斯分校中国能源和交通中心主任。作为能源经济学家，他曾参与世界银行和日本政府的对外援助项目，在世界十多个国家工作。他参与中美政府推动电动车的活动，在中国车辆保有量和能量消耗预测、电动汽车交通消费者反馈和零排放车辆政策分析方面进行研究。

共享汽车发展之路　前景无限或荆棘丛生

主持人赵福全：我是主持人赵福全，来自清华大学汽车产业与技术战略研究院。

今天我们要讨论共享这个话题。共享，可以用最少的投入来最大化地满足人们不断增长的物质需求。在工业时代，拥有是使用的前提和方式，通过拥有来使用以不断满足人们的需求。在后工业时代，当物质极大丰富的时候，任何人都不可能拥有所需的一切商品和服务，此时就需要共享。也正是因为科技革命实现万物互联，需求和供给的连接成为可能，共享社会才得以实现。共享是把使用权和拥有权彻底分离以满足更多人无限需求的一种重要的新商业模式。有人认为共享经济当前遇到了冷潮，这是不正确的。共享经济是人类发展的必然趋势，是人类进入一个新时代的象征。共享本身就是“制造＋服务”的最高境界。例如买了一辆车，一天24小时中可能只使用1小时，其他23小时都被闲置，这其实是巨大的资源浪费。

在共享经济中，汽车共享是最高境界，因为汽车共享最重要，也最困难。那么到底什么是汽车共享，汽车又该怎样共享？企业采用什么运营模式？汽车发挥什么作用？消费者追求什么体验？政府又该如何监管？这些问题都需要深入探讨，所以今天我们请到了A、B两方的嘉宾来进行关于汽车共享的讨论。今天参加讨论的嘉宾有：

A方：GoFun出行首席营销官 秦岭

盼达用车副总经理 蒋齐

易开出行首席战略官 赵健

易微行（北京）科技有限公司董事长兼首席执行官 杨洋

B方：广汽新能源汽车有限公司总经理 古惠南

国家发改委综合运输研究所城市交通运输研究中心主任 程世东

交通运输部科学研究院城市交通与轨道交通研究中心副主任 吴洪洋

美国加州大学戴维斯分校中国能源交通中心主任 王云石

今天我们讨论的题目是：共享汽车发展之路，前景无限或荆棘丛生。首先给几位专家提一个共性的问题：你们如何看待汽车共享，包括对预期内涵、商业模式以及未来前景的理解和判断。请从 A 方开始。

秦岭：我做一个小小的调查，在座的各位，今天有多少人是开自己的私家车过来的，请举手（10 个）。有多少人是开共享汽车过来的？没有。这就说明开私家车的人确实不多，说明私家车的走势堪忧。开共享汽车的人也不多，所以发展的空间还很大。这个是我对共享汽车的一个直观理解。共享汽车是共享经济非常重要的一个组成部分。共享汽车最终一定会实现汽车共享，所以我认为私家车确实面临着比较大的挑战。共享汽车一定会在这个挑战中更加丰富地、全方位地满足消费者对于移动出行的需要。这就是我对共享汽车的一个初步的理解。

蒋齐：我的想法其实更简单，因为盼达是一个运营服务商。对于我们来说，汽车只是运营服务商中的一个运营元素，还有很多其他元素，类似于金融、保险等都是其中一环，我们把所有环节整合起来共享给大家，而不仅仅是汽车，所以我们其实是一个集成服务体系。我相信在未来，产品越来越优秀的时候，服务会越来越专项化。其实可以从软件层面来谈这个事情。我认为做硬件和做服务在逻辑上是不同的，所以我相信做运营的人就要做好运营。

主持人赵福全：谢谢两位。蒋总认为的确是共享汽车参与共享，但其实车辆只是共享中很小的一部分，所以不要以为有了车就拥有一切优势。共享其实是一个生态，很多要素都要参与，都很重要，比如商业模式。硬件很重要，软件更重要。下面我们听听赵健总的看法。

赵健：共享汽车从诞生开始一直伴随着争论。共享汽车到底好不好？我觉得可以把汽车本身撇开，看它到底能够解决哪些痛点。比如说有观点认为，应优先发展公共交通。其实，做共享汽车的人从来没有反对过公共交通，特别是在城市，但问题在于公共交通是不是可以满足所有的场景，比如要去钓鱼，可能公交车到不了钓鱼地点，地铁到不了，甚至出租车能送过去但不能解决回程的问题，这个时候就需要这种具有私家车属性的产品和服务。但私家车有区域性的限制，共享汽车如果发展起来，这些场景就能串联起来。毕竟一个私家车只能适合一个场景，但是如果共享汽车发展起来，就可以在所有场景、所有区域都能享受这种独立空间、自由时间的用车需求，所以我是坚定看好共享汽车的。

主持人赵福全：谢谢赵健总。共享汽车一开始为什么比较乱，是因为没有把它的作用和目的想明白。交通是一个大系统，涉及千家万户的需求，汽车共享要在其中发挥特定的作用。很多人没把汽车共享做好，就是因为没有想明白。想明白了才有可能做明白。赵健总说他把汽车共享想明白了，所以才在坚定不移地做。下面请杨总谈谈看法。

杨洋：首先，我还是回到主题。其实共享最开始在国外兴起的时候，大家倡导一个概念就是把闲置资源拿出来共享，提高利用率，共享汽车也一样。所以国外把闲置资源作为共享，汽车这个行业也在逐渐地把过剩的产能用来共享化，所以对中国来讲，未来共享主要承担的任务就是如何把新能源汽车高效利用起来，同时通过长期的发展把整个社会的交通结构性能通过共享经济进行优化，达到比较理想的终极目标。在中国，共享发展的很长一段路是和去产能分不开的。在共享化的这条路上还有很长的路要走，需要整个产业，包括主机厂进行深度探讨和分析。

主持人赵福全：谢谢杨总。就是说，未来汽车共享会带来去产能的效果。下面由 B 方来谈谈他们的看法，首先有请古总。

古惠南：说到共享，汽车的电动化、智能化、网联化、共享化，可能是未来的一个方向。今天我们要讨论的这个共享化，我觉得有几个问题需要考虑。国外的共享行业发展迅速，但共享汽车为何发展不起来？现在共享汽车企业实现盈利的很少很少，而我们能够用到共享汽车的机会不多，或者说我们愿意用共享汽车的机会不多，为什么？我觉得还是因为汽车有它的特点，第一要考虑便利性，第二是安全性，汽车关乎人的生命，共享必须要有安全保障，第三肯定跟成本有关系，也就是经济性。我认为这三个特性是决定未来共享汽车发展的最核心的部分。我这次没有时间展开讲，比如，安全性包括政策的监管、车辆本身的安全性等，这涉及的因素很多。

主持人赵福全：古总认为，如果成本问题、安全问题和汽车便利性问题不能解决，谈何汽车共享。下面我们就有请程主任从政府角度来谈谈。

程世东：其实，我和古总的观点特别一致。另外，我有一个不一样的观点就是刚才做的那个调研：大家是开私家车来的，还是开共享汽车来的？是乘出租车还是开网约车来的？我觉得汽车共享更多地接近于出租车或者是网约车。刚才古总谈到三个方面，第一便利性，第二经济性，第三安全性，更多的是指服务质量。与网约车和出租车相比，汽车共享在这三个方面要想达到出租车和网约车同等的水平，其实还是存在非常多的困难。如果说在未来，实现了无人驾驶，那么网约车、出租车以及汽车共享就融合成了一个。在此之前，汽车共享能否在与网约车和出租车的竞争中胜出，相对来讲应该是比较难。

主持人赵福全：程主任已经开始挑战前面嘉宾的观点了。下面我们听听吴总的观点。

吴洪洋：我想简单解释一下，其实，对汽车共享四个字的理解是很广泛的，包括网约车、顺风车等。按照2017 年8 月8 日，交通运输部关于促进小微客车租赁健康发展指导意见的定义，汽车共享的主要表述是指汽车分时租赁，分时租赁是小微汽车的分时租赁，所以我想今天我们可以把这个话题稍微集中一点。我之前做的一项调查结果显示，知道有小微汽车分时租赁的人大概有83.4%，亲自体验过分时租赁汽车的相对比较少，只占1.4%。经过分析，我发现这两个统计数字和一个行业精准相似，就是共享自行车行业。在公共自行车推出的早期，我们做过调查，有83.4%的被访者知道公共自行车，只有1.4%的人去骑，但是后来，越来越多的人在使用共享单车。所以我觉得，共享汽车未来将会面临很大的挑战，在发展的过程一定要谨慎，而且要把前景风险判断清楚。从国家的政策来讲，特别对于新能源汽车分时租赁的小微客车，我认为如果没有新能源汽车的购置补贴，发展分时租赁的难度会更大。

主持人赵福全：谢谢吴主任！吴主任首先说到共享是一个大概念，而交通运输部发文讲的汽车共享是指分时租赁。既然讲了是分时租赁，就不应该用汽车共享的大概念，因为汽车共享未来也可能会有越来越多的商业模式。汽车共享的范围很大，而当前在中国，分时租赁是政府认同的一种模式。下面我们请从美国远道而来的王云石主任讲讲对共享的理解。

王云石：我来之前就感到非常激动，因为加州大学和加州政府一直推动三个融合：汽车的电动化、智能化和共享化。我们觉得三化必须连在一起。第一，最近我们在加州做的实验就是对 100 个家庭提供免费驾驶人，就假设是无人驾驶车。有驾驶人以前，和有驾驶人以后对出行进行调研，发现出行增加了 83%。年纪大的人以前不愿意出远门，现在有人给他开车，也可以去接送小孩，所以出行大大增加。无人驾驶以后必须与汽车共享绑在一起。站在 B 方来讲，汽车共享我们强调的是出行共享，这里面有一定差别。汽车共享的含义还是站在汽车厂商立场上，希望大家可以乘坐车子，但不拥有车子的所有权，或者只是拥有一部分。出行共享就在出行的过程中，大家对车辆进行分享，可能是一个人，也可能两个人，或者三个人，这就是我们强调的差别。所以我们赞成的不是汽车共享，而是出行共享。

第二，出行共享，或者汽车共享，往往是一个网络经济的平台概念。网络经济有一个最大的特点，它有点儿像自然垄断，比如中国的百度、腾讯、滴滴，这就需要政府进行干预，不能形成一家独大的局面。必须要有竞争，否则就会出现很多问题。

第三，我们在加州调查时发现汽车共享或者是出行共享里面还有一个问题，就是在一定程度上减少了一部分乘坐公共汽车出行的人群，从节约能源及环境保护方面来说，这也不是一个正能量的地方。

这就是我讲的三点，防止垄断，不要影响公交系统的发展，是出行共享而不是汽车共享。

主持人赵福全：感谢王主任。王主任谈到汽车共享将给人们带来更多的出行机会，尤其是实现自动驾驶以后，原来开不了车的或者没有车的人都可以乘车出行了。但同时他也担忧汽车共享会分流公共交通，造成交通拥堵，这是一个很现实的问题，不容回避。

实际上，网约车不能算是共享出行，更多是共享了某一个时间段的汽车使用权而已。移动出行产业正在发生革命性的变化，未来简单造好车是远远不够的。如何有效应对这种变化，是所有的整车厂都在思考的问题，所以很多大品牌车企都在讲向出行服务商转型。如果未来移动出行中服务成为主流，而造车和用车是完全不同的两回事，那么到底是造车企业还是共享运营企业更适合担当所谓的移动出行服务商呢？我想问问赵健总，你觉得谁更适合？

赵健：我想先问一下古总，现在造车企业做移动出行的目的到底是什么？是为了卖车，还是觉得可以赚钱？

古惠南：这个问题提得确实很尖锐，其实很简单，现在很多搞服务的认为汽车是一个工具，载人的过程中会衍生很多的附加产品，而车的衍生产品可能是未来发展的一个方向。既然我们看到这是未来的一个商机，我们造车的人为什么不能去做这部分的生意？为何只做一个代工厂呢？整车厂对自己的车有信心，客人更有信心相信我们。既然这是一个机会，双方一拍即合就可以促成很好的生意。

主持人赵福全：古总既回答了问题，又反问了赵健总。既然车是古总他们造的，那为什么要让赵健总你们来做共享呢？

赵健：我先说说我自己的观点。第一，运营共享汽车的主体身份到底是谁是无关紧要的，这是第一个观点。第二，从整车厂角度来讲，运营互联网的平台有利有弊，用制造业的思维做服务业，有时候并不好做。目前，我觉得运营主体的属性到底是整车厂还是互联网公司，并不重要。第三，整车厂自己运营不运营共享汽车不重要，但是需要与共享汽车企业合作。因为我们原来的车辆在销售出去之后，就变成了断线的风筝。原来我们在猜想、盲打，我们在实际运营之后才发现有很多问题。我造过车并且运营过车，甲方、乙方都做过之后才发现，原来我们所关注的或许是别人不关心的事，尤其是我们在造车的时候可能为了省成本而减少一定配置，但在运营时可能发现运营成本要增加一个零。尤其我们所想提升所谓的体验，在后面体验的过程中可能会变成麻烦。不管整车企业自己运营还是不运营共享汽车，实际上都会关注未来共享汽车这个方向，还是要和共享汽车的运营企业进行合作，这是我的观点。

主持人赵福全：赵健总认为问题在于习惯造车的人往往不知道如何服务用户，因为造车和用车是两码事。

蒋齐：其实我们作为服务商，大家都体验过各种各样的服务，知道做服务行业为什么会非常琐碎，其核心点就是满足客人的多样性需求。多样性需求是核心，客人的需求也包括不想用某个整车厂的车，所以整车厂转型成服务企业之后如何避免这个问题？也就像我刚才说的满足多样性需求，真正做服务是可以把所有好的东西输出给客人，这样才有价值。所以我认为应该是运营商作为主导。

主持人赵福全：蒋总提出了一个核心问题，整车厂做服务是为了卖车还是为了真正满足千家万户的出行需求？如果是后者，就需要跨越自身的汽车品牌。

秦岭：实际上我本人原来也在整车厂工作了20年，到共享汽车运营企业以后，我觉得这是一个真正意义上完全能够打通的行业。整车厂确实也在寻找未来出路，车越造越多，增长速度越来越低，确实像两位同行所提到的，整车厂做共享汽车或者分时租赁的初衷，真的不排除是为了卖车。但从分时租赁行业来说，确实是必须快速面对市场的问题，满足消费者非常多样化、非常具体的一些需求，是需要线上、线下必须一起打通的行业。其实，这是一个互联网属性的企业，互联网的精神本身就是共享、平等、快速、分享。对于整车厂来说，在这样一个阶段，在这样一个有巨大需求的市场里面能不能够做到这一点，这是非常需要思考的。整车厂在现在这个阶段如果没有办法满足这样需求，我想像分时租赁这种共享汽车运营公司，就可以先满足一部分客人的需求。

主持人赵福全：谢谢秦总。在大方向上，大家基本达成一致，出行服务完全是另外一个世界，但造好车仍然是必要条件。那么，出行服务对整车厂来说到底是不是机会？王主任，您觉得哪种类型的企业更适合参与出行服务，更有未来？

王云石：这个很难回答。我举两个例子，第一个就是柯达曾经卖过数码相机，当时柯达做数码相机应该很不错，但后来就不再做这个产品了。第二个是在 1997 年的时候，亚马逊刚出来的时候卖书，美国最大的图书商 Barnes & Noble 也出来卖书。我当时觉得它应该能赶上亚马逊的股票。因为亚马逊中是一个家庭作坊，有可能不如 Barnes & Noble。但后来，Barnes & Noble 已经退出，亚马逊却还能有一万亿美元的业务。所以我是觉得，一石二鸟是中国人想象最丰富的想法。一石打掉一只鸟已经很不容易了，一石二鸟没有这个可能。

主持人赵福全：王主任用事例提出了一个非常深刻的问题，一心不可二用。自己既种地又推销粮食，最后可能地也没种好，粮食也没卖好。这样说来运营服务公司未来更有机会？因为他们是在孤注一掷做共享，而造车企业仍然有很重的历史包袱。下面请古总回答这个问题。

古惠南：为什么整车厂不能做出行呢？我不这样看。刚才说移动出行和汽车制造不一样，我认为这是对的。但是汽车产业不都是造汽车的。我们集团成立了一个移动出行公司，总经理原来是一个商贸公司的总经理，本来就是做买卖而非造汽车的。汽车公司的人很清楚，汽车厂商做移动出行，不只是广汽一家企业的移动出行，可以跟广州公交集团合作做，也可以汽车厂自己搞联盟来做。如果汽车厂自己搞联盟做会如何呢？就像航空出行的联盟，共享飞机对不对？以后我们共享汽车是自己搞联盟怎么样？不要觉得造汽车的人全都是搞机械，我们也搞运营和互联网的，什么人才都有。

主持人赵福全：古总很好地回答了王主任的问题。虽然造车和出行是两个领域，但是凭什么就认为像广汽这样的车企不能做出行呢？他们想做的就是先服务好广汽的客户，再服务好所有自主品牌的客户，最后服务好各个品牌的客户。

杨洋：说到整车厂参与共享出行，我说两方面的问题。首先，从共享出行来看，它不是一个工业化的生意；其次，它也不是互联网的生意。互联网思维和工业的思维在这个行业未来的发展中都起不到决定性的作用，但是这个行业发展的主要推动力量是两支力量。第一就是金融，是一个金融化的生意；第二就是产业，是一个产业化的生意。当提到金融化、产业化的时候，大家会发现这是一个综合布局的生意。汽车制造、销售，甚至是客户的应用都是产业链的一环。整车厂擅长什么？是我们强大的工业基础，但这不是一个工业化的生意。整车厂有没有机会呢？我觉得是有的，但是首先就不应该是一家车企，先要从一家车企变成一家科技公司，进一步拥有金融能力，成为一家金融公司，这才会在产业中有一席之地。从另外一个角度上看，汽车共享也不是一个基于现在需求的生意。就像当年的飞机被造出来的时候，如果要求它能装载大量的客人，那就不会有市场，飞机刚面市的时候就做不大。汽车共享也是一样，一开始不是一个成熟化、商业化、能够向广泛社会人群提供成熟服务的行业。目前，在中国只能以场景化去服务于某些具体的场景，进一步拓展到泛式文化的应用。主要是新能源汽车产销量增长过快，服务业的发展过快。在搜索大范围提供出行服务的过程中，我们面临着很多问题，我们的经验、知识和技术储备的水准目前都很低，最多一家公司只储备了四年，而在我们储备量如此低的情况下，做一个需要高储备支撑的运营是很难的。我们要先解决能用，之后才能实现商用。工业基础是一部分，要把互联网化、产业化、金融化也逐步全部运用起来，最后成为一个成熟的商业体系。

主持人赵福全：杨总也认为最核心的问题在于出行和造车完全不同，传统车企的优势在工业基础，但这并不是成为移动出行服务商的充分条件。可能传统车企并不是这样认为的。下面我们听听吴主任从交通运输部角度，谈谈对这个问题的看法。

吴洪洋：这个问题比较难回答，而且比较敏感，我的判断也不一定正确。我感觉术业有专攻，建议生产汽车的厂家把汽车技术做得更好，更符合需求，把车的品质做得更高。如果要做出行服务，厂家只是提供车，那么出行服务的运营商未来很有前景。但是这个运营商不能完全排除汽车的生产企业，可能只有少数的车企能脱颖而出，成为全国性、世界性的共享出行运营商。我举一个简单的例子，在共享单车行业，飞鸽、永久、凤凰生产自行车，但却做不过摩拜和哈罗。行业有分工，在未来可能有一两家企业能够做好共享运营平台，可以达到不错的水平，但是肯定会面临一定的挑战。

主持人赵福全：感谢吴主任！下面我们请程总谈谈他的看法。

程世东：刚才提到两方是整车厂还是高科技的互联网企业，其实我认为还有一方也有可能，就是我们传统的汽车租赁企业，因为汽车共享需要车，也需要互联网平台，更重要的是需要线下的运营服务，我觉得需要三方来共同努力。当然，车是必需的，只有互联网的高科技企业还是不够。现在的共享单车也好，网约车也好，都是互联网企业在运营。我们本身是提供一个服务，我们需要线下的运营，线上的反而显得不是那么的重要。因为技术方面的问题不是问题，所以我觉得三方共同努力，或者说互联网高科技企业需要加强线下的服务。当然，对于整车厂来讲，跟互联网企业或者跟汽车共享企业也有非常多可以合作的方面。其实在国外，传统的汽车租赁企业都是跟整车厂合作，国外整车厂直接给汽车租赁企业提供车辆，不是卖给，而是直接给租赁企业使用一段时间再返回厂，对租赁企业而言，成本会大大降低，这样能够实现双赢的目的。所以，未来国内的汽车共享业务运营也可以借鉴这种方式。

主持人赵福全：谈到未来谁适合提供移动出行服务，每个人都有自己的道理，因为这不像数学题有确切的答案。第一，共享刚刚起步，到处都是机会，虽然大的方向清楚，但是路径仍然不清晰。车要造好，但是服务也要做到极致，无论谁参与，如果做不到这一点，都不可能成功。所以谁做不重要，做的结果更重要。如果一开始不把服务做到极致作为目标，即使有工业基础也做不好；但是反过来说，如果车造得不好，服务再好也没有用。传统车企想要参与服务，就要用全新的思维把服务做到极致。道理很简单，谁都有可能胜出，而现在的主要争议点是谁应该做共享。如果当年比尔盖茨看好苹果，就不会有乔布斯了。事实上，这考验的是对于机会的重要程度和时机的战略把握。“十年河东，十年河西”，在这个时代下，一切皆有可能。关于谁造车，谁服务，现在讲不清，但只要想干，看准了就要行动，并且要努力做到极致。一方面，再好的服务，如果用的是一辆破车也不行，所以运营服务企业也必须和车企合作，共同把车造好。产品不好的车企进入到你的网络，你帮他服务，最终是互相砸牌子。另一方面，车辆安全问题也直接影响出行服务品牌。这个话题很大，我们先谈到这里。下面我们谈一谈分时租赁这个相对具体的话题。请问杨总，为什么你认为做分时租赁是为了消化新能源汽车产品？

杨洋：我刚才说的任何事物的发展，尤其是商业的发展，都有其科学的发展规律，这是不以人的意志为转移的。现在先不看中国，分时租赁在美国、英国都有，法国也有，不过 Autolib 已经倒闭了。这些运营企业从初期到成熟期一般要经历 8～10 年的时间。我们中国共享汽车从 2012 年开始，到现在只经历了很短的时间，真正的爆发式发展也不过是近一两年的事情。我们凭什么用近一两年的时间走完人家 8～10 年的路径，这其中的重要因素是由于政府在推动新能源汽车产业的快速发展。在私人购买力有限的情况下，分时租赁成为推广新能源汽车的重要领域。但是如果单靠商业化运作的话，汽车共享现在还不是城市居民出行的必要需求和核心需求，因为大城市交通够发达，用户选择够多，而且交通拥挤，资源紧张，不需要多一个工具占用大家的资源。面向未来，在更多的二三线城市，交通资源不紧张，场景化应用的时候需要共享交通的补充。目前是在经验、技术、知识、车辆等不成熟的状态下，向社会不特定人群提供广泛服务，车辆无人值守，存在一定的人身安全、资产与公共交通安全问题，车厂和运营企业是没有方法阻止这种现象发生的。在无人驾驶的应用中，如何避免重大安全隐患？安全是商业应用必须保障的一个环节，任重而道远，这是我的理解。

主持人赵福全：创业公司就是应该有看准了就干、失败了又如何的精神。那么要扩大新能源汽车的产销量，真的就要靠分时租赁来解决吗？请赵健总谈谈对这个问题的看法。

赵健：我的观点是分时租赁本身存在的价值，就是能满足一部分人的需求，这个时候出现了互联网，出现了移动互联网，出现了新能源汽车。中国的分时租赁是2015年发展起来的，2015年中国成为世界第一大新能源汽车的产销国。所以我觉得分时租赁和新能源汽车是天生一对，新能源汽车的发展带动分时租赁的发展，正好彼此互相需求。

秦岭：这个行业在现在这个阶段确实没有一个固定的商业模式。有一些战略投资人在前期向各个分时租赁公司投资，但现在的投资人并不多，所以我觉得应该让更多财务投资人进入分时租赁这个行业，必须在尽可能短的时间内不断地去试错，逐渐找到一个可复制的商业模式，这是我们的观点。

主持人赵福全：大家都认为未来分时租赁的商机无限，那么就引出了一个核心问题，到底什么动力的车型、什么样的技术更适合分时租赁市场？我们听听古总对这个问题的想法。

古惠南：汽车共享现阶段就是分时租赁。现在做移动出行的很多，比如滴滴算不算共享。按照吴主任说的，现在的移动出行不算共享，还有很多专车比如曹操专车也不是共享汽车。真正的共享汽车应该是现在的分时租赁，那么它的出路在哪里？我认为还是便利性问题。中大城市的停车场不足是一个大问题，我到各个地方都要可以停车，但是到王府井去停在哪里？共享汽车要解决这些问题，停车场问题是个大问题。我们现在都在研究商业模式，研究车，我觉得停车场先搞定了才有模式的问题。就模式而言，第一是便利性的问题，乘坐网约车和出租车，哪里都可以去，分时租赁目前还做不到；第二是安全性的问题，我们有很多商业模式，但把车当成一般的商业模式是大错特错。大家为什么信任出租车还有专车呢？因为出租车司机用他的生命来给你服务。如果将来共享汽车的安全性不能保证，是很难让客户放心使用的。第三是经济性的问题，要考虑现在共享汽车的市场在哪里？城市之间的定点交通是在二三线城市。我和共享汽车公司人员在交流时，要考虑给他们提供什么车型，他们认为现在应重点发展的区域在二三线城市。有一个北京的移动出行公司在唐山搞起共享汽车了，因为唐山停车方便。不管基于什么模式，真正的共享之路还是比较长的，这是我个人的观点。

主持人赵福全：谢谢古总。古总从整车厂的角度谈到，不是因为新能源才共享，是因为出行的方便性和社会的需求。反过来因为这一点，共享汽车是新能源车还是传统车并不重要，传统的出租车也是一种共享。前提是要想解决方便性的问题，停车难亟须解决。谈到这个问题，秦总有话要说。

秦岭：一个是安全性，一个是经济性，还有一个是便利性。在同行里面，我们因为具有互联网的一个基因，在创投这个领域做了很多的探索。接下来在今年年内，我们会在部分城市实现自动停车的功能，并实现自动编组调度。这在某种意义上回答了蒋总的问题，如何让客户能够在还车的环节有最大的便利性。想象一下，在某一个商务中心停车场的入口，我们发出一个指令，车就可以自动从停车场开出来，停到大家的身边，需要还车的时候，同样可以在停车场的入口发一个指令，车就自行开进去了，这个是很方便的体验。第二是安全问题，实际上，我们所有的同行应该都已实现了车辆的用户人脸识别。同样，对于数据的连接，大家已经做得非常安全，在年内我们将使用区块链技术将所有客户的信息整合成一个商业的电子身份，这样就可解决一个问题，即第二个客户可对第一个客户使用车的情况进行评价。共享汽车一定会实现汽车共享，汽车共享的场景里面一定是 P2P 的一个场景。我非常认同赵老师和吴老师刚才谈的共享汽车必须要解决安全、便利以及成本三大问题，我们和同行们都在很努力地进行探索。

主持人赵福全：古总和秦总分别代表各自领域，他们都谈到，共享汽车的发展要在商业实践中逐步解决，千里之行始于足下。那么就有一个很现实的问题，对于汽车共享，到底大城市和小城市有哪些不同呢？刚才王主任谈到加州在这方面有一些实践，您觉得大都市和小城市都需要，但是会有哪些不同？请您分享一下。

王云石：我觉得在美国，在小城市里的各个大学里面，学生停车不方便，车也很贵，分时租赁就比较好。而在大城市，主要是从机场到几个关键的地点，如酒店等。另外，我刚才想了想“一石二鸟”，也不是说不可能。自己很专注做某些事情也有可能。

主持人赵福全：苹果手机做音乐应用并不是苹果要做音乐共享，而是在做一个平台，所有歌手的作品都可以在平台上共享。您讲到的一石二鸟，种粮食还是卖粮食，这个真不一样。另外，分时租赁除了有运营问题、车辆问题外，还需要面临监管，比如无证、假证、酒驾等，作为交通运输部或者公安部，如何保证这些问题不发生？或者这些问题如何解决？下面有请 B 方两位政府的智囊团队代表来谈一谈。

吴洪洋：我觉得分时租赁出行方式，不管是在大城市，还是小城市，首先要明确定位其在一个城市综合交通体系中扮演的角色，到底是解决哪一部分人的出行问题。这个很重要。从目前来看，体验性的人群更多。第二种类型就是刚性需求的，比如说像北京、天津、上海等城市限制购车，有驾照但没有车开。还有一种是限行，在限号日，可以选择开一辆共享车，这也是一种刚性需求。但相对来说，我认为分时租赁是一个小众出行。在城市交通管理交通体系中，对于小众出行的定位，政府应该建立一个投放机制，明确在有限的道路条件、优先的停车空间、有限的小众需求下，应该给它什么样的投放机制。

主持人赵福全：吴主任认为分时租赁是一个小众需求，而且是一个特定的场景。关于这个观点，其他人是否有不同的看法？

吴洪洋：目前是小众需求，未来也可以变成大众需求。

程世东：提到监管的问题，是要以投放数量来实现一定的控制。其实，我觉得，在监管方面，更多的是政府为这种新的服务方式、新的业态提供一定的支持。主要是两个方面，第一就是将企业行为纳入信用体系，当企业为消费者提供服务时，能使消费者很方便地获取企业的信用情况。第二是现在分时租赁企业迫切需要的就是在交通违章处理方面跟公安交管部门对接好，到底是谁违章得落实到人这个层面，现在更多的是落实到企业方面来解决问题。现在的共享汽车尤其是新能源汽车的分时租赁都是政策约束下的结果。

从供给方来讲，如何让消费者自由选择的话，可能更多地会选择燃油车，因为电动车有充电桩方面的问题。目前，分时租赁需求量较大的是这些限行限购的城市，在限行的时候，分时租赁可以做一个补充。

秦岭：共享汽车市场的情况，有一组数据可以和大家分享一下。这是我们自己的客户画像。

基本上，使用者年龄为 18 ~ 23 岁和 23 ~ 47 岁的比例占到 29%，第二部分是满足临时出行需求的用户，大概占 34%，不想买车的占 20%，这两者已经超过 50%，有好奇心想去尝试一下的只有 24%，总体而言，市场是比较大的。确实有这样的需求，我在几个城市采访过一些客户，给大家分享三个案例。在天津，大学生非常喜欢用共享汽车。在广州，我采访过一个年轻的妈妈，她带着自己的两个孩子，使用共享汽车，这是第二个类型的客户。第三个是在长沙，采访对象是一个女孩子，她是一个宠物店的老板。我觉得这样的人群在我们的社会当中，在我们的用户中还是非常多的。

主持人赵福全：谢谢秦总。刚才说到分时租赁有假证、酒驾，包括恶意破坏等问题，目前这些仍然没有纳入信用系统，而且信用系统也很难把假身份证、假驾照区分出来。紧接着的下一个问题，分时租赁到底是轻资产还是重资产？比如网约车就是轻资产。先请赵健总回答。

赵健：从行业角度来讲，我认为分时租赁是典型的重资产。

主持人赵福全：古总，那么您认为是赵健总他们合适做还是你们合适做？

古惠南：现在是汽车共享，为什么以后运营不能共享，以后大趋势是合作。

主持人赵福全：秦总认为应该如何解决合作这个问题？

秦岭：现在来看，确实是一个重资产产业。重在两个方面：第一个是重资产，需要自己购买车辆来运营，要去建立一个模式然后不断地试错，不断满足各个城市消费者的需求。第二个重在人，我们需要不断地去琢磨，不断地去找寻最好的运营模式。简单地说，其实有很多现场的人员，包括调度人员、洗车人员等，这都是非常大的成本。我想，这两个方面都是比较重要的。

主持人赵福全：三流企业卖产品，二流企业卖品牌，一流企业卖标准。在经营多个产品品牌的时候，如何做好移动出行的品牌？未来移动出行的品牌到底和产品品牌有什么关系？

杨洋：其实也很好理解，比如大家买一个 IBM 的笔记本电脑，装的是微软的操作系统、英特尔的芯片，所以你说这个笔记本电脑是 IBM 的品牌，还是英特尔的品牌，还是微软的品牌。分时租赁运营将来给大家提供便利的服务，一定是一个多产业联合才能做成的生意，已经告别某一家企业单打独斗的产业格局。从车辆供给到运营、到落地资源、到金融、到科技，整个产业结合在一起，互相协同作战，才能给用户一个完整的服务体验，谁能把这几项整合一起，谁才是最大的品牌。

主持人赵福全：谢谢杨总。如果都不认真做产品品牌，甚至不以产品为基础，又如何能形成出行品牌？

蒋齐：我们是一个运营服务商，集成各种技术能力，比如车辆只是运营元素，保险也是。其实，我这里还要谈的是动机，像吃饭的时候，餐厅服务员免费送上薯条请你品尝，大家觉得很好吃，但此时如果有人说是因为薯条太多了才送给你的，你肯定会心里不舒服，这就是动机问题。大家做分时租赁是因为有这个市场需要，整个团队参与为大家服务，不是因为新能源汽车太多了，这是第一点。第二点是投放数量问题，我们观察到，在北京开始限制共享单车的数量时，旧金山也在限制网约车数量，在未来某一阶段限制共享汽车出行的数量，按照在每一个城市足够做透的原则，可以达成一个地区性的垄断。

主持人赵福全：最后让古总总结一下。品牌最关键，您认同刚才他们两位说的观点吗？他们有希望成功吗？

古惠南：我绝对相信移动出行公司有很多机会，这是肯定的，新生事物不会全部就没了，总会有几个企业可以成功的。第二是成功模式的问题，会有业态同盟，整合过程需要明确将来究竟是移动出行本身的服务占主导，还是硬件占主导，哪些是硬件和软件结合的问题？现在移动出行还是硬件在主导。就现阶段来讲，我们不得不承认，消费者在用车时，还是会看这个车是哪个品牌的，而不是看是哪个移动出行公司经营的？现阶段还是看硬件，逐渐向硬件弱化、软件强化发展。谁在主导这个过程？是整车厂主导？还是运营公司主导？整车厂加入之后，我觉得将来是业态同盟的关系。汽车移动出行行业会是一个多行业、多产业链的联合作战，其实，很多整车厂现在就已经开始尝试联盟了。

主持人赵福全：谢谢古总。移动出行未来发展可期，目前刚刚起步，需要各方联合参与。大家有一个共识，共享经济是大势，即用少的投入让更多的人得到分享。在后工业时代物质极大丰富的时候，每个人都有更多的物质需求，不求占有，重在使用，这就是共享经济。在共享经济里，汽车共享是最难的，不仅有经济性、成本的问题，还有便利性、安全性等问题。汽车的便利不是简单的人机交互，还有停车、支付等问题，更有诸如维修等一系列问题。所以共享是一个大话题，有多种模式，也包括分时租赁。汽车共享与用户有关，也与运营公司有关，更与提供产品的整车厂有关；这里面既有品牌的问题，技术的问题，也有安全的问题，更有资本的问题。汽车共享绝对不会像顺风车那样简单，重资产是不争的事实，而且涉及政策问题，比如假驾照、酒驾，也包括停车、自动驾驶等一系列问题，但这恰恰是这个时代带给我们的机会。机遇总是与挑战并存，如果没有转型的思维，没有共享经济的思维，要想把汽车共享做好是不可能的。只有有了这种思维，才会去寻求相匹配的能力，最后才有可能做成功。这是一个牵一发而动全身的问题，大家要相信共享经济，也要相信共享汽车的机会之大超乎想象。这是一个新经济模式，目前还刚刚起步，所谓“无限风光在险峰”，未来值得期待。

14

汽车产业的跨界与融合

汽车产业是资金和技术密集型产业，产业链长、关联度高是重要特点。随着新一轮科技革命的兴起，电动化、智能化、网联化、共享化的发展趋势将推动汽车产业进入全方位、深度融合的历史新阶段。近年来，全球众多互联网企业、科技企业甚至房地产企业纷纷涌进汽车产业进行布局。为抢占未来竞争的制高点，在世界汽车产业格局中占据重要位置，中国汽车产业应该勇于打破行业分割，消除市场壁垒，创新产业体系、生产方式和应用模式，推动汽车与互联网等其他产业融合发展，提升整个行业的创新链、产业链、价值链。

主持人

桂俊松
中国汽车报社总编辑

桂俊松，中国能源汽车传播集团董事、副总裁，中国汽车报社总编辑。

他2000年7月毕业于中国社会科学院研究生院新闻系，进入中国汽车报社工作，历任编辑/记者、专刊主编、编采中心主任、社长助理等职，2009年参与创办中国能源报，任副总编辑，2017年11月回到中国汽车报社，任总编辑。在中国汽车报、中国能源报工作期间，他除参与编采管理工作外，还撰写了大量深度报道及新闻评论，是中国汽车报和中国能源报两报重要评论的主要执笔者。

嘉宾

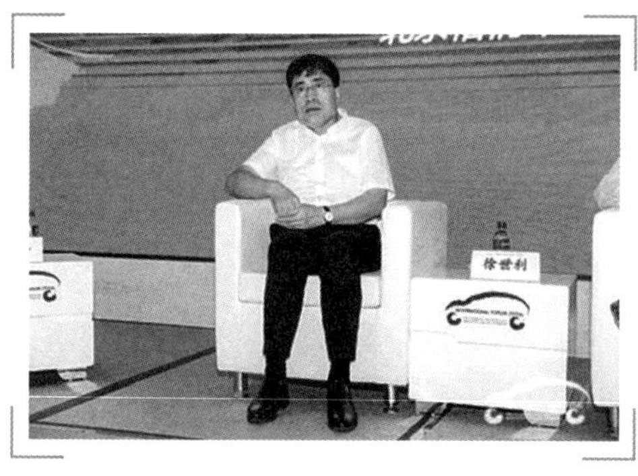

徐世利

中国第一汽车集团有限公司总经理助理、研发总院常务副院长

徐世利，中共党员，享受国务院特殊津贴。

他 1992 年进入一汽-大众工作，2003 年担任一汽-大众汽车有限公司产品部部长，组织完成两气阀捷达电喷轿车的开发，探索了 LPG \ CNG 相关技术，主持捷达二次改型开发、宝来两厢车开发、新宝来开发等重大整车项目。

他 2007 年任一汽集团规划部副部长，通过借鉴国际大公司的产品开发经验，并结合一汽的实际，牵头编制了一汽自主乘用车开发流程，提出了一汽自主乘用车的产品战略。

2008 年他担任 H 平台项目负责人，红旗 H7 车型于 2012 年成功实现量产，是一汽自主开发的首款完全具有自主知识产权的高端车型，建立了高级轿车研发体系，培育了高级轿车研发人才队伍。

2017 年他担任中国第一汽车集团有限公司总经理助理兼研发总院常务副院长，负责红旗品牌产品研发和一汽自主乘用车产品平台开发及乘用车研发体系建设工作，提出红旗 H 平台产品模块化工作新思路，布置了面向未来的先进电驱动系统和车载信息娱乐系统平台的开发工作。

张洋

蔚来汽车产业发展副总裁

张洋，现任蔚来汽车产业发展副总裁，同时担任蔚来驱动科技执行董事，以及蔚来资本管理合伙人。

他熟悉汽车、机械制造业等跨行业的大公司构架及其运作，具有丰富的国际市场营销管理经验，熟悉生产管理、行政人力资源管理、财务管理、市场营销管理等企业的经营管理和全面运作及部门的工作流程。

加入蔚来前，他先后在山东天润曲轴股份有限公司、上海奥慧网络科技有限公司和上海奥达科股份有限公司等汽车软件、零部件企业从事高级管理工作。

他拥有多伦多大学工商管理硕士学位，并在华盛顿大学获得在职工商管理学博士（DBA）学位。

孙勇

中德诺浩汽车职业教育研究院院长

孙勇，中德诺浩汽车职业教育研究院院长，1990 年毕业于北京大学行政管理系，2007 年获北京大学光华管理学院 EMBA 工商管理硕士。拥有 12 年汽车媒体工作经历，曾任新华社所属《经济参考报》汽车周刊编辑部主任、人民日报旗下中国汽车报副总编辑；他拥有十年汽车企业工作经历，曾任奇瑞汽车经管会成员兼销售公司总经理、南京菲亚特副总经理兼商务部总经理、国机汽车（中进汽贸）董事兼副总经理。

贺刚
北京梧桐车联科技有限责任公司副总经理

贺刚，现任北京梧桐车联科技有限责任公司副总经理。

2007 年 6 月他加入长安汽车股份有限公司，先后担任重庆长安汽车新能源研究院电子电器部、电驱动开发所所长，牵头 6 项国家 863 重点科技攻关项目，作为长安新能源多个重点车型项目的新能源系统负责人，主持完成动力系统电机、电池和电器部件等零部件的开发，搭建整车动力系统平台，多个项目成功上市销售。

他在长安新能源汽车零部件自主研发能力提升，开发和试验评价体系建设，关键核心技术掌握，工程技术人员培养，企业品牌影响力传播等方面有较突出贡献，在长安汽车任职期间荣获中国兵器装备集团公司青年科技拔尖人才、中国兵器装备集团公司科学技术奖、重庆市科学技术成果奖等多项荣誉。

汽车产业的跨界与融合

主持人桂俊松：我先简单介绍一下这次头脑风暴的背景。简单来说，就是汽车产业正在经历大转型，朝着电动化、智能化、网联化、共享化的趋势演进，不仅仅是汽车产品，也包括整个汽车产业，都在被重新定义。很多新兴力量、新势力、新资本进入汽车这个行业，这个行业正在快速变革、重组、整合。在这个背景之下，我们也非常关心：这些新的跨界者，到底会给汽车行业带来什么变化，传统的汽车行业应该做什么样的变革？希望今天的会议能够碰撞出一些思想火花。当然，我知道，整个汽车行业，这段时间一直都在讨论这个话题，但是我想，我们今天能不能在以前讨论的基础上更进一步，能够让我们的讨论对行业有一点新的启迪，这样我们今天“头脑风暴”的目的就达到了。

按照会议议程，本次会议分三轮。第一轮是我和嘉宾之间的对话、交流；第二轮嘉宾与听众之间的互动；第三轮做总结。第一轮有以下几个话题：一是跨界与产业变革，二是融合与产业格局，三是融合产生的问题及措施，四是融合与消费者体验。

我想跨界有两种，第一种是“跨过去”，传统汽车行业做业务延伸，比如做出行；还有一种是“跨进来”，各种资本、势力都进到汽车行业来了。现在提出第一个问题，就是“跨进来”之后，这些跨界的造车新势力，能够给汽车行业带来怎样的变化？请各位嘉宾发表一下自己的看法。

徐世利：我很认同刚才主持人讲的汽车产品发展方向，就是四化：电动化、智能化、网联化和共享化。

传统主机厂在自动化、智能化方面投入很大，这方面的业务有很好的基础，而跨界者能够以非汽车专业的视角，带来很多新的思路和创新的想法，也包括跨界者对新的用户使用场景的一些体验，确实给我们带来很多新的思想，这方面应该值得我们学习的。

最终的结果，我们一定是发挥各自的优势，通过融合走到一起，这样使我们的产品能够为用户提供的不是一个简单的出行工具，而是能为用户提供全方位的体验，实现生活、交通、出行，甚至消费的深度融合。

我认为跨界者最终应该和主机厂进行深度融合，因为传统的主机厂所具有的自身优势，不是跨界者很快就能掌握的和超越的。经过多年的积累，传统车的性能、可靠性、安全性在不断提升，这是比较完美产品的必备属性。

主持人桂俊松：刚才徐院长说得很好，这个变化其实体现在方方面面，包括汽车产品、汽车产业、产业生态等。这方面稍后大家可以接着谈。我想跨界者，特别是互联网造车势力，带来的一个重要变化就是强调用户体验，将用户体验放在第一位。张总是蔚来汽车的副总裁，作为典型的造车新势力的管理者，您如何看待这个问题？

张洋：在今天的几位嘉宾中，徐院长是一汽体系里面非常资深的业界人士，但是对于汽车跨界这个话题来说，另外两位嘉宾也非常有资历，比如孙总现在已经连跨两次了。

对于跨界的理解，我觉得首先还是要把自己的事做好，自己的事做不好，那就做什么都不行。传统的企业也好，新势力也好，竞争对手是谁？其实，行业的竞争对手到处都是。

无论是来自科技公司，还是来自能源公司，或者来自于其他的业态，都在思考汽车产业的未来。我们不认为中国的汽车市场规模会一直持续不断地扩大，它总有一天会遇到发展的天花板。在市场需求相对稳定的情况下，如果增加一个汽车公司，增加几十万辆的产能，我不认为这条路可以走通。作为成立仅三年半的新创公司，制造是蔚来汽车的短板，所以必须加强与传统车企的合作，包括与江淮和长安的合作，都是站在巨人的肩膀上。

什么是我们能做的？我们确实在讲用户体验，因为我们觉得，今天的用户体验是分割的。在今天的汽车行业里面，整车厂负责产品的研发、制造，交付环节通过汽车4S店，后期的服务则主要由保险公司和银行等提供，今天的消费者很难在前期有汽车使用的体验环节。在移动互联网时代，通过蔚来为用户提供一个完整的、从开始想要一辆车到拥有一辆车，到拥有这辆车之后有更好的体验，这才是跨界的意义。从这个意义上来说，我们可能有移动互联网的思维，如果我们跨界以后，能够跟传统的汽车公司合作，在制造、技术上能够一起建设新的平台，向用户提供一个完整的全生命周期的体验，就会实现共赢。

主持人桂俊松：从张总的表述可以看出，跨界对汽车行业的影响非常大，蔚来始终强调用户体验，并把这一点作为自己与传统汽车公司差异化的竞争战略。关于跨界，孙总也很有发言权。孙总本人就是从媒体跨界到汽车制造企业，又从汽车制造企业跨界到汽车培训机构的。下面请孙总谈一谈对跨界的认识。

孙勇：非常高兴再一次来到泰达汽车论坛的舞台上与大家做一些沟通和交流。说到跨界，特别是汽车产业的跨界，我认为大家首先要了解一个背景，就是为什么现在会出现汽车产业的跨界。我觉得有一句话经常讲，就是未来20年我们面对的汽车产业的变化，可能会比过去100年还要多。这个百年一遇的技术变革又分内部和外部。所谓外部的，就是说现在整个互联网的发展进入到人工智能时代，从PC端到移动端，再到下一步的大数据、人工智能，这就是我们整个社会，不仅仅是汽车产业，而是在座的每一位都会迎来的新变化。我们汽车产业面对外在的大背景，现在要进入到智能时代。

在汽车产业内部，又有一个大的变化，就是电池技术的发展。电池的能量密度越来越高，成本在逐步下降。这两个大变化，使汽车产业发生了革命性的变革，汽车产品由一个偏重机械的产品，变成一个机械+电化学+计算机的产品。汽车从传统意义上的代步工具，变成一个移动终端、储能单元和数字空间。因为技术的变革使汽车产品发生了这样的定义转变，所以导致了有很多的新势力加入汽车行业。我觉得这是一个很大的背景。

在这个大背景下，传统的汽车势力和新的互联网势力，它们之间各自的优势又是什么呢？我们觉得产品定义发生变化，产业链发生重构，新的互联网造车新势力要进来，它们应该在两个方面是具有非常强的优势。第一个优势就是关于互联网技术的把控，因为它们毕竟是互联网公司，在互联网技术方面，应该具有很强的优势。第二是它们对互联网用户体验的感知，应该也很有优势，因为互联网用户的体验跟传统汽车用户的体验不一样。我觉得这两个优势，应该说，是跨界进来的以互联网公司为主的造车新势力的优势，这两个优势是传统汽车公司原先不具备的。传统汽车公司确实有百年的积淀，在如何造产品方面有非常强的优势，我觉得两股力量的融合，将会给汽车产业带来非常大的变化，大家也要拥抱这种变化，我也期待这种变化能有好的结果。

主持人桂俊松：实际上，我们拓展了一下，从前面谈到的用户体验，扩展到制造业与互联网结合本身带来的变化，我相信这是更基本的变化，所以说非常重要。当然，我也认为，技术肯定是推动变革的一个重要因素，但同时，资本也是一股非常重要的力量。另外，在市场层面，消费者需求，特别是消费者对产品完美性的不懈追求，也是推动变革发生的基本力量。当然，这也是与用户体验紧密关联的一个概念。贺总也是从传统汽车企业里面出来的研发人员，下面请贺总讲一讲。

贺刚：大家在说传统汽车和互联网的融合，其实我们北京梧桐车联科技有限责任公司，就是一个融合的产物，我们是由腾讯和长安成立的合资公司，是传统汽车拥抱互联网的产物。

刚刚也谈到十年前，汽车是完全的卖方市场，不管出什么车，都有人买。而现在，主机厂就有几百家，市场上的车型数不胜数，现在要买车，不管是60后还是90后，都不是直接跑到4S店选车，首先拿出手机去选择、对比、挑选、评价，得到充分的信息以后，可以在手机上下单，包括后续的保养、保险定损等服务，这使我们的销售方式有很大的变革。

通过车联网、互联网、智能化、互联化的新体验，创造使用场景，能够知晓车的状态，是否需要保养，可以直接预约各种功能。比如，上车之前输入一个地址，启动车内导航，就可以直接去那里。汽车也可以跟家里的智能家电关联起来，比如打开空调、打开窗帘。互联网与汽车融合的时候，我们也在考虑如何给客户带来更好的体验，让整个生活更为便捷，让大家更愉悦地出行。

主持人桂俊松：贺总也是技术专家，长期在长安做研发，和一汽的徐总一样，都是技术出身，两位谈得都很好。实际上，如果没有汽车产业和互联网行业的跨界融合，贺总今天的梧桐车联这个公司也是不会成立的。刚才说跨界融合对汽车行业产生的变化，那么反过来，与之相关的汽车行业怎么样适应这个变化呢？关于这个问题，刚才大家在表述的过程中实际上已经不同程度地有所涉及，所以在这里也要特别提醒一下，各位专家可以根据自己的实际工作来谈。昨天，咱们泰达汽车论坛的主题发言，我也都认真听了，我发现很多重量级嘉宾也都谈到了这个问题，也都结合自身的企业实际，谈到了汽车企业如何在新的形势面前变革图存，这实际上可以说是这次泰达汽车论坛的一个基本主题。比如长安的朱总、北汽的徐总也都不约而同地谈到了要“扩大朋友圈”，我觉得这就是一个非常典型的变化。不知各位对这个问题怎么看？

徐世利：传统汽车行业和跨界是一个融合，我们都是非常认同和接受的，所以传统车企选择了 IT 行业的合作伙伴，最终的结果是双赢，汽车行业有非常开放的心态。我们愿意把互联网技术转移到汽车上来，今后的汽车可能每辆车都是一个移动的终端，为我们的用户提供更及时、更方便的需求体验。

张洋：蔚来汽车和传统汽车公司江淮、广汽、长安都有合作。我们造汽车，第一个挑战依然来自于用户端。现在随着社会进步，大家在手机上的体验越来越多，耐心越来越少，都不大愿意去等。对于原来传统汽车公司的开发流程，我们在保证产品安全的前提下，面对今天越来越年轻的消费群体，在应用层面，对原来传统的产品开发流程也需要做相应调整，这是我们遇到的第一个问题。

第二个问题是人才的挑战。其实在今天，无论是造车新势力，还是像一汽这样的老大哥企业，在人才竞争上已经不占优势了。现在的年轻人可能毕业以后首先想去的是互联网公司，不是汽车公司。在他们脑子里，汽车是一个以制造为核心的产业。其实这是一个误解，汽车本身就是一个技术密集型企业，在人才方面非常匮乏。

第三是机制和文化创新上的问题。中国做得比较不错的汽车公司，大部分仍然是国企甚至央企，在机制和文化创新上都遇到一些挑战。市场变化太快，也要求我们应变更快，但是我们到底应该如何适应？其实今天看到传统汽车公司在行动，它们会遇到各种各样的问题，包括人的问题、机制的问题，这些事情都需要解决。坦率地说，留给中国汽车企业变革的时间已经不多了，到2021年的窗口期，对新造车企业来说也只有几年的时间，其实传统汽车公司也差不多，所以大家都要加快速度往前走。

主持人桂俊松：汽车行业如何应变？刚才张总从用户的角度开始谈起，人才、文化、机制也都谈到了，说得非常好，很全面。

孙勇：我接着刚才讲的背景，继续讲汽车企业该怎么样迎接这种变化。

因为我现在不在汽车厂了，就说得更宏观一些，我觉得有四个方面来拥抱这种变化，第一个是研发，第二个是制造，第三个是销售，第四个是服务。所谓研发最大的变化就是由过去的36个月或者48个月换代，变成一个实时软件快速迭代。我现在在用一辆ES8，软件已迭代一回了，而这在过去以机械为主的产品时代是很难发生的。前几年，互联网很多新势力接踵而来，它们刚开始进来的时候，不能理解这个汽车产业的老问题，它们认为36至48个月就要变化。互联网变化很快，它们认为其在这方面有优势，这是有一定道理的。

第二个就是制造，制造里面可能也有很大的变化。我觉得如果智能制造普及的话会逐步使在制造从批量化到个性化，每个订单的配置都不一样，制造环节可以满足这一点，能在制造中就已经有了用户的标识。原先我们是批量生产，批量到4S店，这不是个性化的智能制造。

第三是个性化的定制销售，可在APP上面选配置，形成自己的车。用户始终在关注这个车的进展，什么时候提车。

第四是服务系统中的坐商变成行商，原先买了车之后出了问题，可能得自己开到4S店，未来的车只需一个按键就会好多人围绕你转，比如上门取车、充电、加电、系统升级，一切都做好后再送还车主。

从研发、制造、销售和服务，一切的变化是在一个什么背景下发生的？在AI时代到来之后，整个汽车产业从过去以生产厂为中心，转化成以消费者为中心，这是一个非常大的变化。过去，我们的汽车厂也提“以消费者为中心”，但是我们找不到消费者，我们跟消费者是一时的联系，不能做到随时随地的连接。互联网的发展使我们能够找到消费者，随时随地为消费者服务，使一切真正围绕用户为中心变成可能。我觉得这个以主机厂为中心变成以消费者为中心将带动研发、制造、销售和服务整个变革，这就是我们主机厂必须应对的变化和变化的方向。

主持人桂俊松：孙总说得非常系统，包括研发、制造、服务的各个方面，比如换代的问题，过去至少需要3~5年，甚至是7年换代一次。现在不一样了，根据消费者的需求，随时可以变。刚才说到了制造方面的变化，事实确实如此。前几天我陪中国汽车工业咨询委员会的老领导到张家口参观吉利领克的生产线，我感到很震撼，确实非常先进，可以说代表着目前中国汽车智能制造的最高水平，所有的接口都通过信息系统整合了，可以说是高效、无缝对接，大数据、云计算都得到了实际应用。孙总刚才说到服务的及时性，相应大家也都开始有体会。

贺刚：孙总刚才讲得非常全面，对于孙总刚才讲的用户和产品，我做一些补充分享。我是从传统汽车转到新能源汽车，做了五年，和张总也有很多的合作，现在在做互联网公司。我们如何看待汽车这个东西？第一看用户。刚才讲的用户画像在哪里？在互联网公司，每个人几乎都有一万到三万个点，有一个专属自己的用户画像，不管是不是自己的手机，输入几个关键词，听几首歌，后台可以判断是谁在使用这个手机。比如孙总拿着我的手机，输入孙总关注的信息，同时又搜索了几位嘉宾，马上锁定就是他在用我的手机，用户画像会越来越精准。以后我们可以通过互联网越来越精准地定位我们的客户。

第二个问题就是基于产品，我们大家都知道买房子从买的第一天开始就知道会升值，但是买车的当天就开始贬值你是不是很失落，尤其是新能源汽车。新能源汽车残值是一个非常大的问题，如何估值？如何通过互联网的思维让车辆贬值更慢甚至升值？这个需要做很多工作，比如孙总提到的一些空中下载（OTA，Over-the Air）技术。对消费者而言，买车当天兴奋感最高，随着对车辆系统、功能的熟悉，兴奋感越来越降低，最后趋于平缓、麻木。如何让车辆通过 OTA 保值增值？第一要做好视觉体验。现在，新势力造的车一是配置高，二是大屏、多屏。人最快速的体验器官是眼睛，大屏、多屏更多的是用于视觉冲击，给 OTA 带来很好的体验。第二是持续快速迭代升级。所有的更新随着整个服务运营在后台升级，比如系统的功能，音乐、视频的内容，停车、加油的服务等，每天持续升级。现在目标是三个月，每三个月会有迭代升级。车辆在自己手里的每一天，都会给你不一样的服务，每天都会带来兴奋点和精彩点，持续为这个车提升保值，同时车辆的整体性能越来越高，可靠性、体验性越来越高。

主持人桂俊松：贺总具体谈了智能时代汽车产品的变化，非常具体，非常令人期待。我在这里也有一个观点和大家分享一下：我觉得跨界融合本身也是历史的产物，现在是跨界、融合、重组非常集中的时机，一切都还没有定下来，一旦稳定下来，情况可能就不一样了。从历史的角度看，实际上汽车行业一直在跨界，一直在重组，一直在融合。比如长安，它本来不是造车的，是从军工企业过来的“军转民”，是典型的跨界，更何况像吉利这样的草根也都是当年的“造车新势力”，但现在，我们已经没人说它是跨界了。现在说很多势力是跨界的，再过一段时间，等格局固化下来，可能大家都不会谈论了，都认为它们造汽车是很正常的事情。

大家讨论得非常热烈，非常精彩，考虑到时间关系，后面的议题可能需要整合一下，同时也想给台下的嘉宾和听众留一点时间。前面的话题，是汽车企业的跨界与融合，分别从传统汽车与新生力量两方面做了探讨。紧接着，我们会讨论第二个议题：跨界融合后的汽车产业格局问题。为了避免和前面的话题混淆，我想在这里提前界定一下，要从产业角度来谈，企业层面要少谈一些了，要关注这个产业本身融合之后的变化。从我个人角度来说，我过去做过长期的能源新闻，我从能源转型的视角关注汽车产业的变化，实际上就是一个“三网融合”的问题。具体来说，就是以汽车为核心的交通网、以电动汽车使用为核心的能源网和信息网的高度融合。因为汽车是需要使用能源的，过去是石油，以后是电力，特别是太阳能、风电这样的不稳定的间歇式电力。电力不稳定，而使用电能的汽车又高度分散化（不稳定），但电网又是需要高度稳定的，这里面就有一个能源网和交通网之间的高度协同问题，而这样的高度协同，只有通过未来信息网的智能化互联才能够真正实现，这也是全球能源转型的一个重大课题。汽车行业的人士不太关注能源问题，但现在的能源行业对汽车行业特别关注，就是因为在能源人眼里，电动汽车就是一个储能工具，汽车产业的转型直接关联着能源行业的转型能否实现的问题。欧阳明高院士对这一块就很关注，他昨天的演讲还专门提到了一个非常专业的概念“能源互联网”，能源互联网就像车联网一样，就是要将分散化的“无序”通过智能化手段变为整体的“有序”。所以，能源网、交通网、信息网如何衔接，这是一个未来智能社会、智能交通、智慧城市建设的大课题。

我谈这么多主要是想引导大家从产业融合的角度谈宏观问题。或者，将范围缩小一点，更具体一点，谈一下智能网联对汽车行业的影响，以及它创造的机会。这次我们在顺序上反过来，从那边的贺总开始先谈。

贺刚：其实这个话题很大，我就先抛砖引玉讲一下。智能网联技术对整个汽车产业产生的变化：第一个是销售模式。以前卖车基本是主机厂发给4S店再卖给客户，现在互联网技术的出现后，新的汽车销售可能就不需要4S店了。比如像滴滴一样，把需求输进去之后大家抢单，以后做成像蔚来一样的体验店就可以网上下单了，产业链将产生一些变化。

第二在运营上面。以前运营4S店靠保养、维修、贴膜等挣钱，以后这些活动可以由互联网平台来完成，比如和车辆说一下找一个最好的贴膜厂家，你可以过去或者他可以过来就可以贴好了。

第三，智能网联带来的一些对于安全方面的思考。目前，我们的智能网联只是涉及非安全性的功能一类，如娱乐方面。跟用户直接交互相关的，要让用户可以体验更好了再做。与安全方面相关的，目前做得比较少一点。

孙勇：我在前面已经讲到了，这次汽车产业变革主要是由信息技术的变革所带来的。这个背景下说到智能网联，使我们能够找到车，找到人，为车和人提供服务。这是产业很大的一个变化。在前面发言中谈到了智能网联产业的变化，我要强调一个事情，请大家高度关注。2000 年前后有一个说法，就是汽车产业要从一个制造公司变成一个汽车的制造服务型公司，这是当年提的概念。现在，很多公司提出来要从制造服务型公司变成一个移动出行公司转变。这个变化就是智能网联带来的，没有智能网联不可能有这样定位的变化。有一个事情可能现在还看不清楚，如果说我们进入到一个高度移动出行的时代，在这个时代来临的时候，产业主导权掌握在谁手里？这是一个需要大家长期关注的问题。将来在移动出行公司高度发达的时代，人们就面临着两种选择：一种是自己买车，一种是用移动出行的车，这里面的比例是怎么变化的？将来这种变化，是不是有可能带来产业组织架构的变化？我觉得值得关注。

张洋：现在大家都在讲新能源汽车，因为电动车不算是新技术。100 多年前的时候，搞过燃油车、电动车都放在一起的比赛，结果当时赢的是马车。但是，为什么后来燃油车发展起来了，因为大家找到了能量输送的环节，找到了能源存储的方式。电动车发展也会是能源输送的问题，电力是分布式的，这也是为什么新能源汽车会发展起来的原因。智能网联这个事，我觉得传统汽车公司已经研究很久。但事实上，移动互联网所带来的智能网联的体验，并不是先用在汽车上而是先用在手机上的，导致汽车公司有点儿被动。消费者在其他产品上体验了智能网联的好处，再来看汽车，觉得汽车上的智能网联用起来很麻烦。但汽车始终有一个安全性问题，牵涉到人身安全和家庭幸福。汽车产业如何拥抱智能网联技术值得研究。我们发现一个很有意思的事情，在应用消费电子领域，比如手机、平板电脑，让我们有很好的体验，如何把这些技术和体验扩展到汽车领域？我们知道在一些车里面有语音识别系统，识别率很高，为什么可以做到？因为这些技术原来在移动终端里面都有，手机使用的场景比较复杂，语音识别能做到 70%～80%，到了汽车里面，环境封闭，反而效果更好。

20 年前，人们开车的时候，70% 的精力是看窗户和镜子，30% 的精力看仪表盘，但是今天开车的时候完全不一样，30%的精力看仪表、30%看镜子、40%看手机，这很不安全。现在我们正在尝试把一些消费体验用到汽车里面来，汽车要有大屏，可以通过一次语音控制、一次触屏完成70%～80%的操作，把人的精力放到车子里面，提高安全性。同时也要有更好的体验性，让汽车使用起来更愉悦。我相信智能网联一定会来，要把这些做好。当然也不能一味追求开放，后台被人攻击也不是什么好事。

徐世利：现在有一定要重视，这在汽车领域里面有专门的报告论证。主机厂希望在车上实现智能网联，实现云端通信，这要借助外面的跨界力量。在产品体现上，我们的目标是陆续要实现L2、L3、L4的功能，我们会在下一代产品上陆续把这些开发工作都做了。

主持人桂俊松：第二个环节是融合后的产业格局问题，大家做了相对简单但又是非常有含金量的阐述，紧接着进入第三个话题：我们重组跨界融合方面，有没有什么问题？这个过程当中我们为什么要重组，要跨界？目标是什么？在热闹的背后，有没有什么需要注意的地方？有没有短板？有没有泡沫？比如信息问题如何解决？要谈问题和解决措施。

徐世利：我个人认为没有什么实质性的问题，因为这是我们技术发展的必然趋势，现在应该是到了汽车+互联网这样的时代，最后要把这个产业链做得更长，蛋糕做得更大。也许在一些具体的工作环节中，可能因为也是跨界、跨专业的原因，导致对技术的理解、对标准的理解，对法规的理解不一致。应该说，汽车领域的开发标准、技术标准各方面还是很高的，其他领域可能在这方面有一定的差距，最终我们一定要做到符合车规的目标。

张洋：前面提了遇到的几个实际问题，我觉得最大的问题还是人才的问题。现在，据说汽车研发人员有80万人，但真正既懂软件又懂汽车的，可能不足4万人。

汽车是什么产品？说是“工业之王”不过分。汽车工业是一个国家综合实力的体现，什么国家造什么样的汽车。汽车产业链长，一辆汽车涉及几万个零部件。我们在实践中遇到的一个困难是，新能源和智能网联汽车的供应链比我们想象的要脆弱得多，甚至比传统汽车的供应链还要脆弱。汽车的很多核心技术在产业链上，但智能网联汽车三级供应商往下，我们不认为中国是领先的。过去我们出台了很多政策，从上至下推动这个市场，但供应链发展没有我们想象的好，很多控制模块，包括通信、智能网联模块都没有想象的好。这需要我们的整、零企业加强合作，一起努力，把产业链构建得更强一些。

主持人桂俊松：张总说到供应链问题，这确实是我们汽车产业的短板，今天我们谈论这个话题显得更迫切。跨界融合确实给汽车产业创造了更多的机会，但这不完全也不应该仅仅是整车的机会，也是整个汽车产业的机会。因为换一个角度看，挑战就是机会，短板就是机会。技术创新能力、基础材料、基础元器件方面是我们的短板，但这是不是我们的机会？我们要有战略眼光，战略就是远见。时代变了，过去我们把车造出来，把车卖出去，就能赚钱，但是今天远远不是这样，车造出来不一定能卖出去，就算卖出去也不一定能赚钱，必须到50万辆的规模才能赚钱，这个对我们是一个巨大的挑战，我感觉很多新进入者没有完全意识到现在汽车市场竞争的惨烈。如果意识到，就要做相应调整，要更多关注产业链上的机会，特别是关键零部件的机会。当然我也知道，我们不少企业、企业家还是很有战略眼光的，我们希望有更多的资本力量来做这个事。如果再谈得远一点，刚才说到跨界之后的融合，我觉得融合也不是什么事都可以干，融合之后也还有一个“再分工”“再专业化”的问题，最终还是只能干一件事，只能干好一件事。

孙勇：这里时间有限，我简单说一下。融合过程中有很多问题，其中最突出的一个问题就是人才问题。这是我们将面临的最大挑战。我们现在是两拨人要融合，一拨是造车，一拨是原先搞互联网的，现在明显感觉到搞互联网的人不太懂车，造车的不太懂互联网，所以不仅是我们的原先搞传统汽车制造的要快速补充大量的互联网方面的知识，其实包括产业端的研发、销售、服务的人，也要大量补充这方面的知识。

目前，这个重要性大家都已经感觉到了，但是到目前为止没有太多的企业拿出具体的解决方案出来。我觉得如果这个事情不解决，这个融合无论从融合的进度，还是融合的质量，都要出现大问题。所以我呼吁在中国汽车人才研究会的引领下，各个主机厂、零部件企业，包括新加入的互联网、造车新势力和为造车服务的互联网公司，都要加快融合方面的培训工作。我补充这点。

贺刚：我补充一点，我到现在这个公司快四个月了，最大一个体会就是企业文化不一样。举一个例子，传统汽车为什么接受新的事物、新的技术这么慢？因为传统汽车有一条底线是安全。如果说安全性有风险的技术，可能都不会这么快上市，大家要理解传统汽车。

而互联网企业的底线是没有创意，一切没有创意的互联网企业都要死掉。这两条底线不同使得公司的出发点不一样，这个冲突是巨大的。而现在我们遇到的这个问题是如何将这两者取长补短，哪些是可以先走一步的，哪些可以迭代更新慢慢地去普及。通过取舍，达到客户体验感好，但是又不会出现安全问题。

主持人桂俊松：贺总本人是跨界的，所以对两个行业的差异比较清楚，谢谢贺总。我觉得以上三个话题各位专家谈得非常深入，但因为时间关系，不能再继续探讨了，下面留一点时间给观众，看大家有没有什么问题，可以一起交流一下。

提问 1：非常感谢各位的分享，有两个小问题：一个是新造车势力，听说有一个很短的窗口期，是到 2021 年，请张总就这个问题展开讲一下，以及如何在这种情况下进行发展规划？另一个是给孙总提的，到 2021 年是给新造车企业的窗口期，但目前市场上大部分自主品牌车企不一定能挺进窗口期，自主品牌车企的强势品牌可能还好一些，大部分则下滑得厉害，孙总这边对自主品牌车企有什么好的建议和对策？

张洋：对于新造车势力也好，传统汽车公司也好，新势力来得更早一点。中国目前在谋求全面的改革开放，也就是说，我们以后可能进口汽车的关税会降低，整个供应链的成本会降低，合资品牌价格会进一步下探。对自主品牌来说，这不是一个好消息，但是反过来说，现在正是中国品牌升级最好的时候，90 后、00 后慢慢进入市场了，消费观点和前面几代人不太一样，他们没有国外的产品比中国好的固有观念，所以中国品牌还是有自己的机会，但要看企业如何做好这个品牌。

孙勇：我稍微简明扼要地把自己的观点说一下。第一个大的背景就是我对中国汽车市场的前景是谨慎乐观的。大家知道在改革开放的 40 年前，我们的汽车销量是 15 万辆，到 2017 年是 2900 多万辆，40 年增长 200 倍。为什么会说中国汽车的前景看好？因为现在中国的汽车千人保有量只有 131 辆，而美国有 700 ~ 800 辆，发达国家平均有 500 ~ 600 辆，中国千人保有量增长空间很大。比较乐观的是年销售量在不到 3000 万辆基础上，还有 40% ~ 50% 的增幅，这是全世界最大的潜在汽车市场。

受经济波动的影响，实现这个目标的过程会有一些变化，这个空间相比以往不是很大，但是中间有一个由传统的燃油车转成将来电动智能化车的结构变化。这就有点意思了，很多的资本都想进来，还是大家认为这里面有发展机会，所以我觉得我们在这个产业里面还是很幸福的。

第一，汽车作为制造业是有空间的，第二，面对这样的空间，自主品牌车企下一步会是不是有点儿危险？我觉得目前增速的放缓，应该说是一个很好的洗牌机会。我个人是希望通过这样的洗牌机会，能够把相当一批弱小的企业洗出去。如果真正将一些弱小企业洗出去，像自主品牌车企做得好的，像上汽、广汽、吉利、长安这些存下来的企业的市场份额会逐步扩大。我觉得这一个很好的机会，能够使它们存活下来，份额进一步集中到它们手里，这样产生会更加健康。

将来，新能源智能电动车里面有三股势力，第一股势力就是自主品牌换道而来的造智能电动车的势力，第二就是现在的跨国公司合资企业，它们也在上马很多智能电动化的产品，马上要量产，还有就是像蔚来汽车这样的互联网造车新势力。

哪些人能活下来？我的判断是两句话，关于自主品牌，就是现在在传统燃油车领域活得比较好的机遇最大。互联网造车势力谁能活下来？就看谁在未来融到的钱多。这个东西烧钱，有更好、更强的融资通道的企业，一定能活下来。如果融一轮、二轮之后，很难再融到钱的企业，基本活下来的机会就没有了。

主持人桂俊松：刚才孙总和张总做了很多预测，融合确实给产业提供了风口，风口就是机遇。有一句笑话说遇到风口，猪也能飞起来。但另一方面，高度竞争又带来了一个窗口期的问题。有窗口期就意味着机遇稍纵即逝，时间非常紧迫。我相信，如果不是真正意义上的企业家、战略家，即使遇到风口也飞不起来，即使飞起来了也还会摔下来。

提问 2：我不是问问题，我简要谈一下。我觉得今天的主题相当好，汽车产业的跨界融合，我通过今天的对话交流感觉到，中国汽车产业正处在大变革的时代，有产业的变革、技术的变革、国际化战略的变革。当然同时，我们也关注到中美贸易摩擦、中德新的战略合作落地，以及特斯拉在上海投资建厂，等等。在这种情况之下，如果中国汽车产业不是跨界融合是没有出路的。我每年参加泰达汽车论坛，今年论坛上几位老总的发言除了移动出行，都在往全方位转型的方向发展，所以这本身就是跨界融合的很好体现。第二个感受是怎样跨界融合，我觉得从产业链的角度来说，研发、制造、销售、服务，都要融合。第三个，怎么样保证跨界能做得更好，我觉得关键在人才。我希望大家关注蔚来汽车。这个企业三年前从 17 个人发展起来，现在已经有 4700 多人，来自 50 多个国家，98% 以上是高端人才，包括很多跨界人才，这本身就是融合的产物。

提问 3：孙总刚才讲，新势力的造车企业，除了继续融资成功的能够生存下来，剩下的都生存不下来了。除了那些能融资生存下来的，传统企业是不是可以跟将来融不到钱的那些创新企业结合起来，这样的话就在资本、技术方面省了大笔钱，否则也是一个巨大的浪费。想听听专家的看法。

张洋：这个问题我们也讨论过，现在说新能源汽车投资有过热的趋势，有可能带来结构性的产能过剩。其实站在一个市场经济和资本角度来看，任何一个新的事物、新的事情的开端，势必带来资本的进入，也会带来过度的投资，所以其实现在来看，产能过剩是必然的产物，这也是一个市场选择的过程。关于合作，蔚来今年也参加了很多平台的搭建，平台搭建之后一方面共同开发新的平台，去研究技术，同时也在考虑市场会带来什么？带来资本的流动、人才的流动。通过市场做资源的重新配置，我们知道对的人、对的团队在哪里，这也会给我们带来一定的帮助。

孙勇：提议非常好，我要讲三个方面。第一，总体来讲，中国汽车市场现在之所以能够发展到今天这样的规模，应该是市场化推进的结果，我们通过开放倒逼改革的方法使汽车产业发展越来越良性。原先我们有“九龙治水”之说，就是说汽车行业有九大主管部门管，甚至12个，在本届论坛上，有几个主管部门领导提出要进一步开放，对此我非常高兴。第二是关税下降，第三个就是审批的资质放开，但现在力度不够大，从这三个方面，我看到了下一步放开的节奏。

至于有一些新势力可能活不下来了，这就需要它们自己进行转型。原先有一些公司，变成一个为它们这种新势力做系统服务的公司。造不了整车就变成一个服务型公司，也是可以的，这也是一个市场的选择。

像泰达汽车论坛以及每年的各种年会、论坛都是一个平台机制，相信大家能够相互探讨、寻找合作的平台会越来越多。

主持人桂俊松：因为时间关系，今天的讨论就到这里。今天的交流、嘉宾的回答，我们实现了这次“头脑风暴”的预期目的。

最后，我简单做一下小结。经过两个多小时的交流，我觉得形成了一些共识：第一，汽车产业正在经历深刻变革。随着跨界和融合的不断深入，互联网科技公司、通信企业乃至许多业外资本跨界进入，将极大改变汽车产业的边界，重新定义汽车产业。传统汽车企业将改变以往单纯以制造业为主业的模式，逐步演变成以交通出行为主业的综合性服务提供商。

第二，以汽车为主体的交通网、以电动汽车为重要载体的能源网和以移动互联为形态的信息网将实现高度融合，电动与智能网联汽车崛起，传统行业巨头和跨界者必然是强强联合，优势互补，积极探索扩大朋友圈，逐步形成新的产业形态和格局，形成多种模式共存、分工明确、价值链和创新链条不断提升的生态圈。

第三，汽车产业的重组融合，不仅为消费者带来全新的消费方式和用户体验，也将重塑商业模式，创造巨大的商业机会。当然，在这个过程中，也会产生很多难题需要我们共同解决，需要政产学研协调推进。对于企业来说，必须进一步提升战略能力和前瞻性，化产业短板为历史机遇。

第四，百年大计、人才为本、融合重组、转型发展都需要一大批跨界的复合型人才。科学的人才战略、良好的人才培育与成长环境是汽车行业融合发展、转型成功的重要一环。

第五，我想强调，融合是手段，不是目的。我们不能为融合而融合，而是通过融合来实现中国汽车的成功转型，通过融合来提升中国汽车产业的国际竞争力，通过融合把中国建设成为汽车强国。这是我们的共识，是我们的目标！

2018 泰达汽车论坛集萃

中日对话 电动汽车的未来

中国汽车技术研究中心有限公司董事长、党委书记、总经理 **于凯**

广州汽车集团股份有限公司汽车工程研究院院长 **王秋景**

日产（中国）投资有限公司副总经理 **小林 健树**

泰达聚焦

智能网联汽车发展路径

泰达视点

资本运作推动汽车产业
技术升级和模式创新

国家发展和改革委员会经济研究所
主任 **杜飞轮**

开幕大会

优化政策体系
开创汽车产业新格局

中国汽车技术研究中心有限公司
董事长、党委书记、总经理 **于凯**

高峰研讨

中国品牌
——深化改革创新
实现高质量发展

东风汽车集团有限公司党委常委、
副总经理 **安铁成**

北京汽车集团有限公司党委书记、
董事长 **徐和谊**

长安汽车总裁 **朱华荣**

广州汽车集团股份有限公司总经理
冯兴亚

高峰研讨

国际品牌
——聚力中国
共创共赢

日产（中国）投资有限公司董事、总经理 **西林 隆**

本田技研工业（中国）投资有限公司执行副总经理 **長谷川 祐介**

宝马集团大中华区总裁兼首席执行官 **高乐**

保时捷（中国）汽车销售有限公司总裁及首席执行官 **严博禹**

专题峰会

电动化、智能化引领汽车产业变革

中国工程院院士、电动车辆国家工程实验室主任、北京理工大学教授 **孙逢春**

小鹏汽车董事长兼 CEO **何小鹏**

中国移动研究院首席科学家 **陈维**

科大讯飞股份有限公司副总裁 **刘俊峰**

百度智能驾驶事业群综合管理部和合作发展部总经理 **尚国斌**

微课堂

动力蓄电池回收利用行业发展现状及前景预判

中国汽车技术研究中心有限公司汽车产业政策研究室主任 **黎宇科**

热点解析　把脉市场新动向　稳步开启新征程

北汽集团党委常委，北汽新能源党委书记、总经理 **郑刚**

东风日产乘用车公司商品规划总部总部长 **张治**

行圆汽车董事长兼 CEO **邵京宁**

中国石化润滑油有限公司北京研究院副院长 **雷凌**

焦点透视 新时代的合资与合作

北京新世纪跨国公司研究所所长 **王志乐**

中国汽车技术研究中心有限公司资深专家、汽车技术情报研究所总工程师 **黄永和**

博世底盘控制系统中国区驾驶员辅助业务单元副总裁 **蒋京芳**

专题对话

新能源汽车产业链创新与重塑

南京博郡新能源汽车有限公司董事长、CEO **黄希鸣**

上海捷能汽车技术有限公司项目运营部总监 **罗思东**

宁德时代新能源科技股份有限公司副董事长、副总经理 **黄世霖**

大陆集团动力总成事业群中国 / 韩国区副总裁 **Grégoire Cuny**

格林美股份有限公司副总经理 **张宇平**

主题研讨

无人驾驶
重构交通

交通运输部公路科学研究院国家智能交通系统工程技术中心副总工程师 **王东柱**

长安汽车智能化研究院总工程师 **张杰**

英飞凌科技汽车电子事业部副总裁及大中华区负责人 **徐辉**

维宁尔亚太区销售、市场及产品规划副总裁 **张玺**

思想交锋

共享汽车发展之路 前景无限或荆棘丛生

清华大学汽车产业与技术战略研究院院长 **赵福全**

GoFun 出行首席营销官 **秦岭**

盼达用车副总经理 **蒋齐**

易开出行首席战略官 **赵健**

易微行（北京）科技有限公司董事长兼首席执行官 **杨洋**

广汽新能源汽车有限公司总经理 **古惠南**

国家发改委综合运输研究所城市交通运输研究中心主任 **程世东**

交通运输部科学研究院城市交通与轨道交通研究中心副主任 **吴洪洋**

美国加州大学戴维斯分校中国能源交通中心主任 **王云石**

头脑风暴 汽车产业的跨界与融合

中国汽车报社总编辑 **桂俊松**

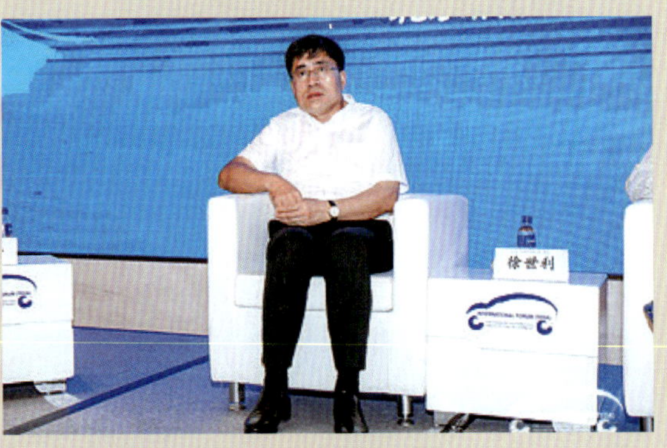

中国第一汽车集团有限公司总经理助理、研发总院常务副院长 **徐世利**

蔚来汽车产业发展副总裁 **张洋**

中德诺浩汽车职业教育研究院院长 **孙勇**

北京梧桐车联科技有限责任公司副总经理 **贺刚**